T0244781

Carta a Inés

La fe de tus padres

José Sols Lucia y Julia Argemí Munar

Carta a Inés

La fe de tus padres

herder

Diseño de la cubierta: Stefano Vuga

© *2022, José Sols Lucia y Julia Argemí Munar*
© *2023, Herder Editorial, S. L., Barcelona*

ISBN: 978-84-254-5010-5

Imprenta: Liberdúplex
Depósito legal: B-6102-2023
Printed in Spain – Impreso en España

herder

Índice

Introducción

Querida Inés:

De todas las cosas que nosotros, tus padres, te hemos transmitido en tu educación, no cabe duda de que la fe en Dios es la que está resultando más complicada. Y no creemos que seas tú responsable de ello, sino la sociedad en la que vives, en la que vivimos, que tiende a hacernos creer que la religión es algo superfluo, secundario, irrelevante, conservador, primitivo: grave error que estamos pagando caro. Si Dios es la fuente de nuestra vida, ¿cómo vamos a vivir negándola y dándole la espalda? No tiene sentido. No redactaremos nuestra carta de manera apologética —esto es, tratando de desmontar los argumentos de los que no piensan como nosotros—, sino presentando con sinceridad y transparencia nuestra fe, que es la base de todos los buenos valores que hemos querido transmitirte en tu educación, aunque obviamente en algún momento tendremos que discutir posturas que nos parecen inadecuadas, y lo haremos con honestidad intelectual.

¿Por qué te escribimos una carta? Porque queremos exponer con calma algo que nos parece fundamental en la buena formación de una persona en la tradición cristiana y porque creemos que ello nos permite contestar a las preguntas de fondo que laten en tu corazón.

¿Y por qué la publicamos? Pues porque nos parece que buena parte de tu generación sufre de un déficit de formación y de reflexión religiosa, por no decir directamente de una alarmante ignorancia, y creemos que nuestro escrito podría ser de ayuda a otros jóvenes de tu edad, en cuyos corazones creemos que resuenan las mismas preguntas.

Tal vez, antes de iniciar la lectura de esta carta, conviene que retengas esta idea, Inés, que de algún modo va a estar presente a lo largo de todo el texto: *el cristianismo es libertad y amor.* Te ayudará a entender lo que queremos transmitirte.

1. La fe antropológica

Empecemos clarificando algunos conceptos. ¿Qué es fe? ¿Es la fe una opción libre de cada uno? ¿Podemos creer o no creer, como quien decide ir o no al cine un sábado por la tarde? *Contra lo que piensan muchos, la fe no es algo que se pueda tener o no tener, sino que es un rasgo esencial del ser humano: toda persona tiene fe, sin excepción.* Podríamos decir que en la vida humana hay dos niveles: el 1 y el 2.

El nivel 1 es *el nivel de lo evidente*, lo no discutible, lo visible, lo patente. Por ejemplo, en este nivel tenemos el hecho de que los seres humanos somos animales que necesitamos comer, beber, dormir, protegernos del frío, del calor, esforzarnos por conseguir la comida, el bienestar. El nivel 1 no plantea preguntas acerca del qué; tal vez sí, y muchas, acerca del cómo. Nadie discute que necesitemos beber y comer; sí discutimos sobre qué modelo económico escoger, o sea, qué estructura organizativa implementar para generar riqueza y distribuirla. Compartimos con otras especies animales muchas realidades de este nivel 1.

En cambio, el nivel 2 es el de *lo no evidente*, lo no visible, el nivel del sentido. Tan humano es el nivel 2 como el 1; de hecho, es más humano el 2 que el 1, si por humano entendemos aquello que nos distingue de otras especies animales. Ninguna otra posee este nivel 2. Es exclusivamente humano. Podríamos decir que es lo más nuestro, pero paradójicamente también lo más discutible, dado que no contiene realidades tan evidentes como las del nivel 1. Por ejemplo, los derechos humanos, a los que tú y muchos jóvenes de tu generación sois sensibles, pertenecen a este nivel 2. ¿Dónde está escrito que el hombre[1] deba tener derechos? ¿Y dónde que esos supuestos derechos deban ser los que declaró la ONU en 1948 y no otros completamente distintos? ¿En qué nos basamos para afirmar que la dignidad de un negro es la misma que la de un blanco; que la de una mujer es igual a la de un varón; la de un niño a la de un adulto; la de un no nacido, la misma que la de un recién nacido? ¿En qué nos basamos para afirmar que hay que proteger la naturaleza, la vida, la salud, la paz? ¿Por qué no todo lo contrario? ¿Por qué no son mejores la muerte, la enfermedad, el sufrimiento, la desigualdad, la violencia? Todo esto pertenece al nivel 2 de la existencia humana: aquel en el que hay realidades fundamentales, pero no evidentes. Ese nivel comporta fe. Tenemos fe en que el hombre tiene dignidad y en que hay que preservarla; creemos que es bueno proteger la naturaleza, en sí misma y sobre todo porque, hasta la fecha, es nuestro único hogar;[2] tenemos fe en que todas las personas, de cualquier sexo

1. Hombre en el sentido griego de *anthropos,* y en el latino de *homo, hominis,* que abarcan a varón y a mujer.

2. Solemos utilizar la palabra *ecología,* que literalmente significa *el estudio del hogar* (en griego, *oikos*) donde vivimos todos, nuestro planeta.

o raza, y en cualquier etapa de su existencia, tienen derecho a ser respetadas física, psicológica y moralmente. Tenemos fe en todo ello. Fe. La tenemos todos. No encontrarás en todo el mundo una sola persona mínimamente adulta y en su sano juicio que no tenga fe. Tal vez algunos no quieran utilizar la palabra *fe* y prefieran hablar de *confianza, convicción, compromiso vital*. Pero, de hecho, no hay vida humana sin fe, como no hay vida humana sin agua. El agua pertenece al nivel 1; la fe, al 2. Cada una, en su nivel, es esencial.

A nuestro modo de ver, ha sido un error de cierta Modernidad, sobre todo desde el siglo XIX, haber creído que la fe era algo externo al hombre, algo que le venía de fuera, incluso que se le imponía; haber hecho creer que se podía vivir sin fe, y que eso era liberador. ¿Te imaginas, Inés, que quisiéramos liberarnos del agua, que afirmáramos que el agua es una imposición que nos viene de fuera, que nos impide ser nosotros? ¿Qué pasaría? Nos moriríamos de sed porque sin agua no hay vida humana; tampoco animal ni vegetal. En un planeta sin agua, la vida, tal como la conocemos, sería imposible.[3] Con la fe pasa lo mismo, aunque en el nivel 2, no en el 1. No podemos vivir sin fe, porque ella es la que sostiene todo lo que hay en el nivel 2, el de lo auténticamente humano. Sin fe no hay vida humana. De hecho, los grandes pensadores ateos del siglo XIX (Ludwig Feuerbach, Karl Marx,

3. Lo mismo que decimos del agua lo podemos afirmar del aire, que además no se ve. Escoge la imagen que te evoque más.

13

Friedrich Nietzsche, Sigmund Freud, este último a caballo entre el siglo xix y el xx) cayeron, tal vez inconscientemente, en una trampa: afirmaron que era liberador sacudirse la fe, *pero sin darse cuenta de que lo que ellos nos estaban enseñando también era una fe.* Sería bueno que lo descubrieras por ti misma si te animases a leerlos, algo que te recomendamos encarecidamente. En lugar de proponer una fe frente a otra, afirmaron que iban contra toda fe, y lo hicieron porque eso sonaba radical, innovador. Si lo hicieron conscientemente, estaríamos ante un engaño y una prueba de deshonestidad intelectual por su parte; si, por el contrario, no fueron conscientes de ello, estarían entonces en lo que nosotros consideramos un error metodológico: afirmar el fin de la fe sin darse cuenta de que lo que ellos propugnan está también en el orden de la fe. Estudiamos a esos autores aun hoy porque muchas de las cosas que escribieron fueron sumamente interesantes, y porque han marcado el pensamiento contemporáneo, cada vez más global.

Por tanto, quien te diga que no tiene fe en realidad la tiene, pero tal vez no es consciente de ello, o bien no está dispuesto a cuestionarla, y por ello hace ver que no es fe, que es algo evidente, del nivel 1. Pues no, la fe siempre pertenece al nivel 2, al de lo no evidente; y además la tenemos todos, aunque la llamemos de otro modo, como ya hemos dicho más arriba: *confianza, convicción.*

¿Puede haber una fe no religiosa, algo así como una fe civil? Resulta tentador decir que sí, pero en realidad la respuesta es no. Toda fe es religiosa, aunque habrá que clarificar en seguida

14

qué entendemos por religión. La palabra *religión* viene del sustantivo latino *religio* y del verbo *religare*, que significa «unir». Obviamente, no todos los idiomas de la humanidad proceden del latín, pero en todos encontraremos términos equivalentes a estos. *Religión es lo que nos une a la fuente de donde procede nuestra vida.* Volvamos al ejemplo del agua —nivel 1—: beber agua sería algo religioso en el sentido de que nos acercamos a aquello que nos permite vivir. No obstante, no solemos utilizar la palabra religión cuando estamos en el nivel 1; sí, en cambio, cuando estamos en el 2. Todo el mundo puede acercarse o alejarse de aquello que le da vida en el nivel 2, produciendo con ello vida o muerte. La religión es esa relación con la fuente de donde procede nuestra vida.

Nadie puede vivir sin religión. Nadie puede negarse a beber del pozo de donde procede nuestra existencia. Por ello decimos, Inés, que *toda fe es religiosa* y que *todos tenemos esa fe religiosa.* De nuevo aquí podemos utilizar otras expresiones, pero la idea seguirá siendo la misma.

2. ¿Existe Dios?

El debate del ateísmo, del agnosticismo, de la indiferencia o de la más simplona ignorancia empieza en si hay o no un ser superior en el origen de nuestra existencia, en si hay o no un Dios. Un Dios o varios dioses. ¿Lo hay? ¿Los hay? Llegamos aquí a otro error típico de nuestra tradición occidental: creer que Dios es un ser personal como lo somos nosotros, con la diferencia de que nosotros nos vemos unos a otros, mientras que a Él no se le ve. Por ello, unos dicen que Dios existe y otros que Dios no existe. Cada uno afirma lo que quiere, trata de convencer, o no, a los demás, y luego cada uno se va a su casa encerrado en su propia convicción, distanciado de los que piensan de otro modo.

Haber convertido a Dios en un objeto de debate —peor, de división— es absurdo. ¿Por qué? Pues *porque de Dios no podemos decir ni que existe ni que no existe:* Dios es la fuente de toda existencia. En verdad, Dios no *existe.* Dios *es.* Los que existimos somos nosotros. Dios no es ni una realidad ni una existencia, sino aquello, aquel, que da realidad y que da existencia. ¿Aquello o aquel? No es lo mismo. Decimos *aquel* porque no tiene sentido que lo que da fundamento a la vida humana personal y social esté por debajo de lo humano, o sea, que no sea personal, que sea una cosa. Ya ves que sería absurdo. Las cosas no tienen libertad, ni razón, ni amor. Lo que está en el fundamento de la vida humana, que sí posee todo eso, debe tener, como mínimo, libertad, razón y amor, tal vez entre otras muchas características. Humanizamos la fuente de nuestra existencia para poder hablar de ella, pero en realidad ningún atributo humano logra describir esa fuente: los cristianos decimos que Dios es Padre, Amor, Creador; sin embargo, todo ello no es más que nuestro modo humano de hablar de él, porque no tenemos otro. Los cristianos, de hecho, decimos mucho más que eso: afirmamos que Dios optó por hablarnos a nosotros en lenguaje humano. Volveremos a esta idea cuando nos refiramos a Jesús de Nazaret.

Hablamos de *aquel*, no de *aquello*, porque tiene que ser personal: de no serlo, parecería que es inferior al hombre, y eso no tendría sentido. El problema es que, al decir *aquel*, da la impresión de que hablemos de alguien como el hombre, pero más grande, y eso no es sino una proyección nuestra, como muy bien denunció el filósofo Ludwig Feuerbach en el siglo XIX, prácticamente el padre del ateísmo moderno, autor de un libro muy interesante, *La esencia del cristianismo* (1841). Feuerbach defiende que todas las afirmaciones *teo*-lógicas, o sea, acerca de Dios, son en realidad *antropo*-lógicas, o sea, acerca del hombre, pero proyectando este al infinito. Para él solo hay humanidad; no hay Dios. Dios no es más que el hombre proyectado al infinito, esto es, llevado a lo mejor de sí mismo: un Padre, un ser capaz de amar, de crear. Todo eso es humano, no divino. Feuerbach no decía tonterías. Si las hubiera dicho, no estaríamos todavía hoy hablando de él, casi dos siglos después. Tiene razón al decir que «nuestro lenguaje acerca de Dios es humano, antropológico», porque no tenemos otro modo de hablar acerca de él. Ahora bien, al mismo tiempo afirmamos que hay Dios y que es mucho más que lo humano proyectado al infinito. ¿Cómo hablar de él, entonces? ¿Cómo podemos conocerlo o saber si existe?

Hay que volver a lo que te decíamos antes: no es que Dios *exista*, sino que Dios *es* en tanto que es la fuente de todo lo que es y existe. Ahora bien, podemos discrepar en el modo en que hablamos acerca de él. ¿Como un sujeto? ¿Como una comunidad de sujetos? ¿Como algo que está por encima de los que conocemos? Fíjate, Inés, que siempre ha habido religiones a lo largo de la historia de la humanidad, hasta hace cuatro días, cuando apareció el ateísmo occidental moderno, que, por lo demás, es una fe, una religión, una convicción profunda no demostrable. Siempre ha estado presente lo religioso en la experiencia antropológica. Y, sin embargo, las formas de hablar de ello han sido distintas: personales-históricas (judaísmo, cristianismo, islam), cósmicas, anímicas, míticas, etc. Todas las culturas y todas las civilizaciones han tenido «religión», es decir, una búsqueda de unión con el origen de la vida y con el sentido de nuestra existencia. Ninguna se ha conformado con lo puramente animal. Uno de los autores que más reflexionó y mejor habló sobre todo ello fue, sin duda, Mircea Eliade, la lectura de cuya obra *Lo sagrado y lo profano*, te recomendamos encarecidamente.

Volvamos al agua, nivel 1. ¿Existe el agua? Hay dos formas de averiguarlo: la primera es encontrarla de manera palpable en los pozos, ríos, lagos, mares, en la lluvia. El agua está ahí, a la vista, se puede tocar. Es obvio que existe el agua. No obstante, hay otro modo de averiguar si existe el agua: analizando en profundidad a los seres vivos, tanto vegetales y animales, como al ser humano. Aun cuando no tuviéramos posibilidad de ver el agua, si analizáramos exhaustivamente cómo está conformada una planta, un animal o el ser humano, veríamos que solo pueden existir si hay agua en la naturaleza. ¿Hay planta viva?, luego hay agua; ¿hay animal vivo?, luego hay agua. No falla.

Pasemos ahora al nivel 2. ¿Hay Dios? Lo hay, seguro, porque estudiando a fondo el ser humano vemos que está abierto a un Tú que va más allá del *tú social* que tiene a su lado; vemos que está orientado todo él a la fuente de donde procede su existencia. Luego ese Tú *existe*; luego esa fuente *existe*, aunque en Dios la palabra *existencia* es diferente que en nosotros y en las cosas. Es equívoco decir que *existe* porque parece que sea una cosa, o una planta, o un animal, o una persona, y es mucho más que eso: es lo que hace que todo eso sea todo; pero no tenemos otro modo de hablar.

Cuando el ateo dice «Dios no existe», se equivoca, y cuando el creyente dice «Dios existe», también se equivoca. Ambos tienen parte de razón, y ambos están equivocados. Acierta el ateo al afirmar que el Dios de los creyentes es una proyección humana; acierta el creyente al afirmar que alguien distinto del hombre ha creado al hombre. Se equivoca el ateo al decir «Dios no existe», y el creyente al afirmar «existe». Dios, simple y plenamente, *es*.

En parte por ello, los judíos se niegan a ponerle un nombre a Dios; consideran que hacerlo supondría pretender dominarlo, y eso es imposible. Imagínate que nunca hubiéramos visto un camello y que no supiéramos que existe esa especie animal; al viajar a Egipto y ver uno, exclamaríamos sorprendidos: «¿Qué es eso?». Nuestro guía diría con tranquilidad: «Ah, eso es un camello». Al ver que nuestro guía conoce ese nombre, «camello», entenderíamos que él sabe qué es, a diferencia de nosotros. Pues los judíos dicen que nadie puede decir: «Ah, ese es Dios». No podemos conocerlo o dominarlo como conocemos o dominamos la naturaleza o a nosotros mismos. No obstante, hecha la ley, hecha la trampa. Le llaman *Yahvé*, que no es ningún nombre, sino la contracción de una frase,[1] pero *Yahvé* acaba convirtiéndose de facto en un nombre. Lo mismo pasa con *Elohim* (Dios), *Adonai* (Señor), *Sabaoth* (Señor de los ejércitos celestiales) o *Ha-Shem* (el Nombre): son expresiones, no nombres propios, que acaban funcionando lingüísticamente como nombres propios, aunque los judíos lo nieguen por la razón que ya te hemos dado. ¿Cómo hablar de la fuente de nuestra existencia y del sentido de nuestra vida sin reducirlo a una categoría humana? Pues es complicado: ¿Dios?, ¿divinidad?, ¿realidad

1. Yahvé viene de YHVH (en hebreo: יהוה), que es la contracción de la frase «Yo soy el que soy», que Dios le dice a Moisés en el libro del Éxodo (Ex 3,14), el segundo libro del Pentateuco, aunque hay varias teorías acerca del origen etimológico de YHVH.

cosmoteándrica?[2] La lista de intentos es larga, y todos constituyen un estrepitoso fracaso. *Solo podemos hablar en categorías humanas porque somos humanos y, sin embargo, aquello de lo que hablamos no es solo humano.*

Pues sí, Inés, todos tenemos *fe*, todos tenemos una *dimensión religiosa,* y *Dios,* o como lo quieras llamar, *existe.* Tiene que haber *fuente de vida* porque hay *vida.*

.

2. Tomamos esta expresión de Raimon Panikkar, famoso filósofo indo-catalán a caballo entre Oriente y Occidente: «cosmo-te-ándrico»: *cosmos* es el cosmos (obviamente); *theos* es Dios; y *anthropos,* el hombre.

3. La fe en Dios
y el conocimiento científico

Es verdad que hay dos teorías científicas (la biológica de la evolución de las especies, de Charles Darwin, siglo XIX, y la física del *big bang*, de Stephen Hawking, siglo XX), más o menos complementarias entre sí, que pretenden explicar el origen de la vida sin Dios, pero ambas cometen un error metodológico de raíz, precisamente porque ambas son *científicas*, y la ciencia no puede hacerse preguntas acerca del sentido, dado que esa pregunta no es científica. Te lo explicamos con algo más de detalle. El ser humano tiene muchos modos de conocer, y solo uno de ellos es el científico. Por ejemplo, nosotros, tus padres, por el amor que te tenemos y por los años que hemos convivido contigo desde que naciste y te llevamos en brazos, te conocemos muy bien (¡o así lo esperamos!), pero no de un modo científico, y precisamente por ello no te podemos conocer plenamente, porque no eres un objeto de nuestro conocimiento, sino que tú eres mucho más de lo que podamos saber o conocer de ti, como inacabable será el conocimiento que tú tendrás de ti misma a lo largo de tu vida. Ahora bien, aunque nuestro conocimiento no sea científico, es conocimiento. Leo Messi es un excelente jugador de fútbol y, sin embargo, si le piden que explique cómo juega tan bien, probablemente no sabrá ni por dónde empezar. Juega magistralmente, pero no se destaca como analista deportivo, por lo menos, no hasta la fecha.

Pues bien, la ciencia es un modo de conocimiento, con un método riguroso —en realidad, no tan riguroso como se suele afirmar, pero ahora vamos a obviar este detalle—, mediante el cual tratamos de explicar cómo funciona la naturaleza —ciencias de la naturaleza—, por qué el hombre se comporta como se comporta —ciencias humanas— y cómo podemos encontrar un lenguaje que explique el orden de lo natural —ciencias formales. La ciencia solo se pregunta por el cómo, nada más. No se pregunta por el sentido de las cosas: esto queda para la filosofía (con la sola razón) o para la teología (fe y razón: *fides quaerens intellectum*, la fe que trata de hacerse inteligible con la razón). Cuando los evolucionistas afirman que «no hay Dios porque hay evolución», o cuando los hawkinistas afirman que «no hay Dios porque hubo un *big bang*», creemos que cometen un error de nivel de realidad, dado que se confunden de piso: sus teorías, de ser ciertas, solo estarían hablando del *cómo* se han desarrollado las cosas, no del *de dónde proceden* las cosas, ni del *quién ha hecho* todas las cosas, ni del *qué sentido* tiene la realidad entera. La ciencia tampoco estudia los valores, y ya hemos visto en la historia que estructuras políticas y económicas sin valores llevan a los mayores horrores que pueda imaginar la sociedad. No podemos vivir sin valores. «Con la ciencia no se puede afirmar que haya Dios», dicen algunos: por supuesto, porque la ciencia no se ocupa de ello.

Sin embargo, resulta interesante esta frase de Louis Pasteur, como sabes, gran químico, físico, matemático y bacteriólogo francés del siglo XIX: «Un poco de ciencia te aleja de Dios, pero mucha ciencia te lleva a Él».

4. La fe cristiana

Nosotros, tus padres, te vamos a hablar de nuestra fe, que es la cristiana. ¿Quiere eso decir que esta es la auténtica fe, y que otras, como la judía, la musulmana, la budista, la taoísta o alguna de las infinitas confesiones religiosas que hay en tantas culturas de América, África, Asia u Oceanía no lo son? Por supuesto que no: con honrosas excepciones, durante siglos se ha afirmado que nuestra fe es la auténtica y los demás viven en el error, algo que se decía tanto en el cristianismo, como en el judaísmo, como en el islam, como en muchas otras confesiones. Unas veces se decía con espíritu intolerante e inquisidor, otras con un benevolente paternalismo. Hace ya algunas décadas —algunas mentes muy abiertas, hace incluso siglos— que son muchos los que no van por ese camino: piensan, pensamos, que, aun cuando profesemos una fe positiva —el cristianismo, el judaísmo, el islam, etc.— y seamos miembros de la gran comunidad que la profesa —las Iglesias cristianas, el pueblo judío, la *umma* musulmana, etc.—, *toda expresión religiosa debe ser respetada porque contiene, seguro, algo de autenticidad, de verdad.* No nos referimos aquí a las sectas destructivas que se visten de confesión religiosa; nos referimos a las tradiciones religiosas serias, auténticas, ya sean grandes o pequeñas. Todas aportan algo.

Cuando eras pequeña, Inés, solíamos pasar tardes de vacaciones de verano o de Semana Santa jugando los tres juntos a hacer puzles. Y todavía lo hacemos de vez en cuando. Imagínate que no tuviéramos la foto en la caja del puzle o en una hoja aparte; imagínate que tuviéramos solo esas mil piezas. Al empezar, parece que esa gran cantidad de piezas de los colores más variopintos no pueda encajar, sin embargo «la fe» en quien nos ha vendido el puzle nos hace pensar que necesariamente todas las piezas acabarán encajando, y que las horas y horas de esfuerzo —divertido, pero esfuerzo al fin— tendrán sentido. El sentido no llega hasta el final, hasta que vemos cómo las mil piezas encajan a la perfección, cuando aparece ante nuestros ojos una imagen que al inicio no percibíamos en absoluto, y que poco a poco, con el paso de las horas, se ha ido haciendo patente. Podemos afirmar dos cosas: (1). Cada pieza es necesaria. (2). La imagen final no está contenida completamente en ninguna pieza.

Con el llamado *diálogo interreligioso* pasa lo mismo. Cuando se sientan a la mesa un cristiano,[1] un judío, un musulmán, un taoísta, un budista, un hindú, un sintoísta, un sij, etc.,[2] parece que

1. Al diálogo entre cristianos de diferentes iglesias (católicos, anglicanos, protestantes, evangélicos, ortodoxos, cristianos de Oriente) se le suele llamar *diálogo ecuménico*, mientras que al diálogo entre miembros de diferentes tradiciones religiosas se le suele llamar *diálogo interreligioso*.

2. Se dice que en el mundo hay más de cuatro mil religiones, aunque más del 75% de la población mundial se reparte entre las cuatro grandes: cristianismo, islam, hinduismo y budismo. El judaísmo, aun habiendo tenido

nunca podrán entenderse. Sin embargo, la experiencia de los que lo han intentado en las diferentes sesiones del Parlamento de las Religiones del Mundo y en las oraciones de Asís (Italia) es distinta: afirman que cuanto más dialogan, más se entienden unos a otros, ¡y mejor comprende cada uno su propia fe! Es lo del puzle. Y es lo mismo que ocurre en arquitectura; si te fijas, verás que en las cúpulas renacentistas, barrocas o neoclásicas, como la de Santa María de las Flores de Florencia, San Pedro de Roma o el Capitolio de Washington, hay distintos nervios que suben, y parece que se enfrenten unos a otros: uno va de norte a sur, y otro de sur a norte; uno de este a oeste, y otro de oeste a este. Sin embargo, al final se encuentran en la piedra clave —o en «la linterna», si la cúpula está abierta por arriba para que entre la luz—, que es la que sostiene la estructura desde el centro e impide que esta se derrumbe. Las diferentes tradiciones religiosas serían como los nervios de la cúpula: aparentemente enfrentadas, pero finalmente articuladas en la fraternidad universal. Todas juntas forman una sola cúpula hermosa, una sola humanidad.

Tanto en el ejemplo del puzle como en el de la cúpula ocurre algo importante; al final hay una realidad que antes no había: la imagen completa del puzle, la cúpula sostenida en la piedra clave. ¿Cuál sería esa imagen completa del puzle, o esa piedra clave, al hablar de las religiones? Tal vez lo que se ha venido en llamar el *Cristo universal*: Jesús, el Cristo, sería

---

una influencia enorme en Occidente, es minoritario.

esa imagen final, esa piedra clave, el primer hombre que vivió la fraternidad universal, sin distinción de raza, sexo, clase social, cultura o religión (siendo judío, se abrió a los paganos). Ese Cristo universal no pertenecería ya a los cristianos, sino a toda la humanidad.

Como te decíamos, aun respetando todas las tradiciones religiosas, te vamos a hablar de nuestra fe, pues es la que conocemos, la que nuestros padres (tus abuelos) nos transmitieron y aquella en la que hemos encontrado el sentido de nuestra vida. Estar abiertos a toda la humanidad no significa no pertenecer a ninguna fe religiosa: es importante saber dónde se está y desde ahí dialogar con todos. Cuando tú vas a una reunión y ves que hay diferentes sillas, escoges una y te sientas. Al hacerlo, ya no puedes sentarte en las otras porque solo tienes un cuerpo, no quince. Tu ángulo de visión será distinto al de otros miembros de la reunión, pero desde él seguirás toda la reunión. ¡Imagínate que no quisieras limitarte a ningún ángulo! Te pasarías toda la reunión haciendo el ridículo, dando saltos sin ton ni son por toda la sala. Del mismo modo, estar abiertos al diálogo religioso, y también al diálogo con agnósticos, ateos e indiferentes, no comporta no estar en ninguna tradición religiosa, sino que requiere que estés en una, que puede y suele ser la tuya, la de tus padres, la de tu familia; supone vivirla, entenderla, dejar que te ayude a dar sentido a tu vida; y desde ella podrás ir adonde tú quieras, Inés.

El núcleo de nuestra fe está en lo que se ha denominado la *resurrección de Jesucristo*, una expresión que hoy a tu generación le dice muy poco, y le suena anticuada y desfasada, aunque contiene mucho. De hecho, contiene todo el sentido de la vida humana. No obstante, es complicado explicarla sin la larga historia que la precedió, del mismo modo que el final de una película o de una novela no se entiende si antes no se ha visto o leído toda desde el principio. Prepárate, es un viaje largo pero fascinante, ya lo verás. Empecemos.

5. El origen judío de la fe cristiana

La fe cristiana tiene origen judío y está formulada en categorías griegas. ¿Qué significa esto? Pues que el cristianismo es el resultado del encuentro de la fe judía —la historia tiene sentido— con el lenguaje griego —es posible hacer afirmaciones universales acerca de la humanidad—. O sea, la fe de un pueblo, Israel, puede llegar a toda la humanidad y no quedarse encerrada en lo étnico, tribal, y eso es posible gracias a la universalidad de lo griego. No hablamos simplemente de una filosofía, sino, mucho más, de una realidad humana, de una persona: Jesús de Nazaret. Jesús era un judío que vivió en el siglo I de nuestra era bajo el dominio del Imperio romano en su parte oriental. En la parte occidental se hablaba latín, mientras que en la oriental predominaba el griego. Jesús hablaba arameo, un idioma muy importante en el judaísmo antiguo, y entendía el hebreo —el idioma mayoritario de las escrituras sagradas—, así como también el griego, dado que era un judío de Galilea, una región muy helenizada desde la conquista de Alejandro Magno, en el siglo IV a.C. Tal vez sabía hablar también en estos dos últimos idiomas —hebreo y griego—, pero de hecho no lo sabemos.

Los judíos no se constituyeron en pueblo hasta el siglo XIII a.C., o sea, hace más de tres mil años. Antes eran tribus distintas que provenían de la parte oriental y central de lo que se denomina el *Creciente Fértil*, una región en forma de bumerán —lo de «creciente» es porque parece una Luna creciente—, con una tierra que entonces era rica, fértil, como indica la expresión. Esta región hoy se reparte entre los actuales países de Irak, Siria, Jordania, Líbano, Israel, Palestina y Egipto. Al sur está el desierto de Arabia, y al norte, las montañas turcas. Dos grandes ríos bañaban, y siguen bañando, la zona oriental de ese Creciente Fértil, el Tigris y el Éufrates, y un tercero su parte occidental, el Nilo. Parece ser que entre los siglos XVIII y XV a.C. hubo varias sequías que hicieron que esas tribus desconectadas entre sí emigraran hacia el oeste, concretamente a Egipto, donde las tierras bañadas por el inmenso río Nilo eran muy ricas, y donde había una civilización próspera y espectacular. Fueron allí a ganarse la vida, como han hecho tantos europeos en América y en Oceanía, tantos mexicanos y centroamericanos en Estados Unidos, y tantos latinoamericanos, asiáticos y africanos en Europa.

Lamentablemente, como suele pasar en muchos procesos migratorios, el Imperio egipcio que los recibió utilizó a esos pueblos inmigrantes para sus propios intereses —la construcción de las grandes pirámides y otras servidumbres— y los maltrató. Como ves, Inés, la historia se repite una y otra vez. Siendo tribus distintas, cada una con su propia fe religiosa, pasaron por la experiencia común del sufrimiento en Egipto, de la esclavitud o semiesclavitud bajo aquel Imperio.

Todo ello hasta mediados del siglo XIII a.C. Una serie de plagas y de enfermedades hizo que los egipcios se vieran debilitados. Las tribus cautivas aprovecharon aquella oportunidad para huir. Se fueron a Canaán, más o menos lo que hoy es Israel, Palestina y parte de Jordania, del Líbano y de Siria. Aquella huida de varios años de Egipto a Canaán fue épica. De hecho, fue la fundación del pueblo judío y de su fe religiosa en Yahvé, tal como narra en un relato brillante el historiador judío Flavio Josefo a finales del siglo I d.C. en su obra *Antigüedades judías*.

Llegaron a Canaán. Se quedaron con aquella tierra —los movimientos migratorios a veces son de conquista, como la israelí en Canaán, o la española, portuguesa, inglesa y francesa en América—. A aquella experiencia de paso de la esclavitud a la libertad la llamaron *Pascua*.[1] Es la Pascua judía, que se celebra cada año. Como habían vivido una experiencia común, tanto histórica como de fe, se constituyeron en un pueblo unido que se llamó Israel;[2] hasta el día de hoy, como sabes. De hecho, las tribus no desaparecieron del todo, sino que siguieron existiendo en el interior de Israel como si

1. La palabra *pascua*, que procede del término hebreo *pésah* (se pronuncia /pésaj/), del que nos ha llegado a través del griego πάσχα *(páscha)* y del latín *pascha* (se pronuncia /pasca/), significa «paso», «salto».

2. *Israel* (en hebreo, לארשׂי, «Yisra'el» o «Yiśrā'ēl») significa «el que lucha con Dios». Es el nombre que recibió Jacob, el padre de los doce hijos, cuyo undécimo fue José, tal como explica el libro del Génesis (Gn 32,23ss), el primer libro del Pentateuco, del que hablaremos más adelante.

fueran inmensos clanes. Son doce, pero este es un número más simbólico que real. Eran más de doce. En la cultura judía antigua los números eran muy importantes. El *cuatro* era el número de la naturaleza, de lo visible, lo palpable, lo que no requería fe, el «nivel 1» del que hablábamos antes, porque cuatro eran los elementos de la naturaleza conocida: tierra, agua, aire y fuego. El *tres* era el número de lo divino, lo sobrenatural, lo no visible, lo que requería fe, el nivel 2 de antes. La multiplicación de *tres por cuatro* da como resultado *doce*, que es el número de la alianza entre lo divino y lo humano, entre Yahvé y su pueblo. Las doce tribus de Israel son el símbolo de esa alianza de Yahvé con su pueblo. Por eso Jesucristo querrá tener *doce discípulos*, símbolo de la nueva alianza, tal como se nos explica, por ejemplo, en el Evangelio de Marcos (Mc 3,16-19):[3]

> Así constituyó [Jesús] el grupo de los Doce: Simón, a quien puso de sobrenombre Pedro, Santiago Zebedeo y su hermano Juan, a quienes puso de sobrenombre Boanerges (los Rayos), Andrés, Felipe, Bartolomé, Mateo, Tomás, Santiago Alfeo, Tadeo, Simón el Fanático y Judas Iscariote, el mismo que lo entregó.

La Pascua, la salida de Egipto a mediados del siglo XIII a.C., fue tan importante para los judíos

---

3. Las citas bíblicas fueron extraídas de la Nueva Biblia Española, Madrid, Ediciones Cristiandad, 1975.

(o hebreos) que estos narrarían lo acontecido generación tras generación desde entonces hasta hoy, tres mil años después. También los cristianos, que procedemos de esa misma experiencia, la contamos de padres a hijos, de generación en generación, como nosotros lo estamos haciendo ahora contigo, Inés, y como tantas veces lo hemos hecho en casa. Ese relato era oral, narrado por los ancianos y dirigido a los niños, seguramente de noche, al calor del hogar. Ahora bien, curiosamente no les preocupaba narrar lo acontecido *tal como pasó*, algo que harían hoy los historiadores rigurosos —o sea, los no cegados por su propia ideología—, sino *tal como lo habían vivido*, y así también es como nosotros intentamos transmitirte nuestra experiencia de fe, porque, para nosotros, como sabes, la fe es y ha sido siempre una vivencia, no una entelequia o una suma de conocimientos teológicos; la fe es la que nos muestra cada día que Dios está con nosotros, en nosotros y en aquellos que nos rodean, acompañándonos en cada instante de nuestras vidas, llevándonos de la mano, incluso, y sobre todo, en los momentos en que sentimos que nos faltan las fuerzas, en aquellos momentos en que solo vemos oscuridad a nuestro alrededor, en los que la desesperanza y la falta de sentido nos embargan. Cuando has visto la luz de Dios una vez, una sola vez, cuando has sentido su calor y su presencia en tu corazón, es imposible ya dejar de sentirlo. Como seres humanos que somos —y, por tanto, limitados—, volveremos a caer en el desánimo, en la ceguera, en la falta de confianza. Pero la luz de Dios es como esas brasas que permanecen encendidas en las chimeneas cuando ya el fuego se ha apagado: Él no se apaga nunca; somos nosotros quienes nos apagamos, quienes nos olvidamos de que sigue ahí, esperándonos, paciente, amoroso, comprensivo, tendiéndonos su mano. Por ello, los judíos no sintieron que lograran la liberación de la esclavitud de Egipto por sus fuerzas, sino porque «Yahvé los había ayudado» (Salmo 107,1-8):

> Dad gracias al Señor, porque es bueno, / porque es eterno su amor. / Que lo confiesen los redimidos por el Señor, / los que él rescató de la mano del enemigo, / los que reunió de todos los países: / norte y sur, levante y poniente. / Erraban por un desierto solitario, / no encontraban el camino de ningún poblado; / pasaban hambre y sed, / se les iba agotando la vida; / pero gritaron al Señor en su angustia, / y los arrancó de la tribulación. / Los guió por un camino derecho / para que llegaran a un poblado. / Den gracias al Señor por su amor, / por las maravillas que hace con los hombres.

Cuando se pusieron a explicar una y otra vez la experiencia fundacional de Israel, la Pascua, no narraron un relato histórico, sino una vivencia teologal, o sea, su fe a partir de lo vivido. Eso es lo que confunde al lector de hoy sin estudios bíblicos cuando se encuentra con la plagas que envió Yahvé a Egipto, el paso del Mar Rojo (hoy, golfo de Suez, también llamado golfo de

Aqaba) —en realidad, el paso fue por el mar de las Cañas—[4] y otros acontecimientos espectaculares que hacen que el lector se quede con la boca abierta o, peor, cierre el libro porque le suena a Harry Potter. *Los judíos no contaron lo que pasó, sino lo que experimentaron, y para ellos aquello era tan importante que, como pasa en muchos relatos orientales antiguos, cargaron las tintas en la narración.*

¿Significa esto que lo que se cuenta en la historia de la Pascua es mentira? No, no lo es: es una expresión literaria de una experiencia de fe vivida en la historia. *Realmente aquellas tribus salieron de Egipto, llegaron a Canaán y se constituyeron en Israel.* Eso es histórico. Pero *no es la «historia objetiva» lo que nos quieren contar aquellos que la vivieron, ni tampoco sus sucesores, sino la «vivencia de fe». Ellos experimentaron que fue Yahvé quien los liberó.* Del mismo modo que nosotros hemos compartido contigo

---

4. La traducción que del Antiguo Testamento hicieron setenta sabios de Alejandría —pensando en los muchos judíos de Egipto de habla griega que se manejaban mal con el hebreo—, conocida como Traducción de los LXX, habla del paso del mar Rojo. Sin embargo, el texto original hebreo habla del paso del mar Caña o mar de las Cañas, probablemente una zona pantanosa del delta del Nilo, cerca de la costa mediterránea, nada que ver con el mar Rojo. Por tanto, no fue una travesía tan espectacular como describe el Éxodo. Lo de las cañas tiene a su vez un significado simbólico, dado que el bebé Moisés se salvó de la matanza ordenada por el faraón gracias a que fue introducido en una cesta que flotó por las aguas del Nilo entre cañas. El pueblo de Israel se salvó tal como su líder, Moisés, se había salvado poco después de nacer: entre cañas.

tantas veces los momentos clave de nuestras experiencias de vida y de fe, esos que han dado y siguen dando sentido a nuestras vidas, sin los que no seríamos quienes somos ni como somos: los sacramentos que hemos recibido, las crisis personales que hemos sufrido... y, si te fijas, en todos esos momentos, Dios ha estado siempre a nuestro lado, así como lo experimentó el pueblo de Israel.

¿Quién era ese Yahvé? Cada tribu antigua que había llegado a Egipto siglos antes traía sus propias creencias, sus propios cultos religiosos y relatos míticos: Abrahán, Isaac, Jacob, etc. Cuando se juntaron en un solo pueblo, Israel, en lugar de imponerse una fe sobre las demás, las fusionaron todas en una sola, y unieron también los mitos: a Abrahán lo hicieron padre de Isaac, a este de Jacob, y a este de doce hijos, cada uno de los cuales fundaría una tribu; cuando en realidad había sido al revés: primero fueron las tribus, y luego se fusionarían en un solo pueblo, Israel, con la experiencia de la Pascua. El resultado de todo ello fue una sola fe de un solo pueblo en un solo Dios (sin nombre), que es personal, bueno, que quiere la libertad y no la opresión, y que a cambio pide justicia. Es la famosa *Alianza*: Yahvé dio la libertad a los judíos y, a cambio, estos debían constituirse en un solo pueblo, Israel, regido por la justicia, en el que no hubiera pobres, en el que la viuda fuera atendida y el inmigrante acogido. *La Alianza es libertad a cambio de justicia*. Pero solo para Israel, tal como dice muy explícitamente el Libro del Éxodo (Ex 19,3-6):

Moisés subió hacia el monte de Dios y el Señor lo llamó desde el monte, y le dijo: «Habla así a la casa de Jacob, diles a los hijos de Israel: Vosotros habéis visto lo que hice a los egipcios, os llevé en alas de águila y os traje a mí; por tanto, si queréis obedecerme y guardar mi alianza, entre todos los pueblos seréis mi propiedad, porque es mía toda la tierra. Seréis un pueblo sagrado, regido por sacerdotes. Esto es lo que has de decir a los israelitas».

En aquella época no había conciencia de humanidad, sino de pueblo, reino, imperio, tribu. Por ello, las experiencias religiosas eran tribales, no universales. Si Yahvé era bueno, lo era con su pueblo, Israel. Sería más tarde cuando algunos profetas intuirían que esa experiencia no era exclusiva de Israel, sino que la podían vivir todos los pueblos, todas las naciones, y que si Israel era el pueblo escogido, no era porque Yahvé quisiera a este pueblo más que a otros —¡algo impropio de Dios!—, sino porque en este pueblo nacería el salvador de todos los pueblos, el ungido, el Mesías —en hebreo—, el Cristo —en griego—.

Pronto Israel se convirtió en monarquía, pero aquel Reino se mantuvo unido poco tiempo. El primer rey fue Saúl, no demasiado querido en los relatos bíblicos; luego vino el gran rey David, que de joven había derrotado con su astucia al imponente filisteo Goliat en un único combate individual entre los dos pueblos rivales; y a él le sucedió su hijo Salomón.

A la muerte de este, el reino se partió en dos: al norte, Israel, con capital primero en Siquem y luego en Samaría, y al sur, Judá, con capital en Jerusalén. Como el templo, el único, estaba en Jerusalén (reino del sur, Judá), y como toda la fe judía giraba en torno a aquella edificación religiosa construida por Salomón, los del norte se sentían marginados y despreciados por los del sur, ya que celebraban culto a Yahvé lejos del templo, algo que estaba prohibido. Desde entonces los «samaritanos» serían los «malos de la película» en la historia de Israel, y de ahí que resultara tan sorprendente que Jesús, casi dos mil años después, hablara en una famosa parábola de un buen samaritano, algo así como si hoy en México habláramos de un narco bueno.

En tiempos de David y Salomón, que fueron padre e hijo, se decidió que los sabios del reino pusieran por escrito las tradiciones que habían circulado de manera oral durante dos siglos, que a su vez eran fusiones de relatos de una enorme antigüedad (¡de hasta dos milenios!). Lo hicieron pensando en los judíos de entonces —siglo X a.C.—, y adaptaron los relatos a la cultura de estos. Algunos estudiosos de la Biblia llaman a estos primeros textos escritos la *fuente J* porque a Dios le llaman Jahvé (o Yahvé), aunque todo esto está hoy en revisión, pero, tranquila, Inés, que no te vamos a marear con el mapa de las teorías histórico-críticas actuales acerca de esta temática.

Tras la división del reino en dos, más precisamente en el reino del norte, Israel, en el siglo VIII a.C., surgió otro grupo de textos, que algunos estudiosos denominan *fuente E* porque a Dios le llaman Elohí. El reino del norte cayó en manos de los asirios en el siglo VIII a.C., y fue deportado a Nínive, capital de Asiria; el reino del sur cayó en manos de los babilonios en el siglo VI a.C., y fue deportado a Babilonia.[5] La derrota y el exilio constituirían experiencias durísimas para Israel. Además, el templo de Jerusalén fue destruido por los babilonios tras cuatro siglos de antigüedad. A los judíos se les hundió el mundo, tal como expresa muy bien el Salmo 51 (50),[6] que no transcribimos.

El exilio babilonio fue largo y difícil de vivir. Duró medio siglo. Durante aquel exilio, y también tras él, un grupo de sacerdotes judíos —a destacar Esdras, en el siglo V a.C.— trató de ordenar y de reformular los escritos hebreos, incluso añadió nuevos relatos, como el de la Creación del mundo en siete días, tomando elementos de la religiosidad babilonia, pero con teología judía. A esta fuente se le llama «P» porque el biblista que desarrolló la teoría de las

5. Hubo un primer asedio a la ciudad en el 597 a.C., tras el cual algunos judíos ya fueron deportados a Babilonia, incluido el pobre rey Jeconías. El invasor, Nabucodonosor, impuso otro rey, Sedecías. Los judíos debían pagar tributo a los babilonios. Años más tarde, se negaron a hacerlo, y entonces, tras un nuevo asedio, Jerusalén cayó definitivamente, su templo fue destruido y su población deportada a Babilonia. Fue el 19 de julio del 586 a.C.

6. Lo de la doble numeración «51 (50)» es debido a que la versión griega de las Escrituras (recuerda, la de los setenta sabios de Alejandría, los LXX) consideraba los salmos 9 y 10 como uno solo, mientras que la hebrea como dos distintos.

fuentes J, E, D, P —hoy en revisión, como te hemos dicho— era un investigador alemán, Julius Wellhausen (1844-1918), y en alemán sacerdote se dice *Priester*; de ahí la «P», la fuente de los sacerdotes judíos en torno al exilio en Babilonia. Fueron ellos los que acabaron de ordenar el famoso Pentateuco (la Torá, para los judíos), que comprende los primeros cinco grandes libros del Antiguo Testamento: Génesis, Éxodo, Levítico, Números y Deuteronomio.[7] Hicieron un trabajo inmenso. Del mismo modo que cuando haces un mural, pones recortes de fotos de revistas muy distintas, y en el mural les das un significado algo distinto al que tenían en su origen, así también procedió P, juntando textos de J, de E, de D, y añadiendo los suyos propios, P, y por ello a veces la lectura del Pentateuco resulta tan sorprendente. Como muestra, un botón: al inicio del Génesis no hay un relato de la Creación del mundo, ¡sino dos! (el de los siete días, y el de Adán y Eva), y no tienen nada que ver el uno con el otro. De hecho, no pegan ni con cola. Pero en ambos la teología es la misma: la fe de Israel en Yahvé.

Tal vez haya una imagen mexicana que te ayude a entender todo esto. Como sabes, en México, donde vivimos desde hace unos años, como en casi toda la costa americana del

---

7. Durante mucho tiempo se creyó que Moisés, el líder de la liberación de los hebreos, había escrito de su puño y letra todo el Pentateuco. Hoy sabemos que esta obra fue resultado de un largo proceso de composición teológico-literaria.

Pacífico, hay terremotos de vez en cuando.[8] Cuando se produce un sismo importante, algunos edificios aguantan bien, otros se destruyen parcialmente y otros se derrumban del todo. Al reconstruir la ciudad, se decide dejar los edificios que aguantaron, restaurar los parcialmente dañados (no imitando su estilo antiguo, sino añadiendo elementos nuevos) y se construyen edificios completamente nuevos allí donde hubo otros que se derrumbaron. De este modo, la ciudad resultante tendrá elementos antiguos, otros entre antiguos y modernos, y aun otros completamente modernos. ¿Por qué se hace esto? Porque la nueva ciudad quiere mantener lo histórico, pero al mismo tiempo no se cierra a lo nuevo. Exactamente esto es lo que se hizo con los libros del Pentateuco, tras los «sismos» del exilio en Nínive (s. VIII a.C.) y en Babilonia (s. VI a.C.), un trabajo literario coordinado por el sacerdote Esdras, que ya hemos mencionado, en el siglo V a.C. La intención era conservar documentos antiguos (los edificios que no se habían caído en el terremotos) para mostrar que la fe de Israel era antigua, que tenía una larga historia, lo que le daba valor; retocar algunos documentos para adaptarlos a los nuevos tiempos (los edificios parcialmente restaurados, pero con un nuevo estilo); y redactar textos completamente nuevos pensando en las nuevas generaciones (los edificios de nueva planta). El resultado, Inés, es el Pentateuco, que comprende los libros más

8. Tomamos esta imagen sísmica del biblista belga Jean-Louis Ska.

importantes de la tradición judía, la Torá, punto de partida del Antiguo Testamento.

No deja de llamar la atención el hecho de que en una época donde no había conciencia de universalidad, sino solo tribal, los relatos bíblicos empiecen con la creación del mundo y de la humanidad. Es algo sorprendente. Muestra que, por mucho que consideraran a Yahvé *su Dios*, ya intuían que era, de algún modo, «el Dios de toda la humanidad», algo único en aquella época, en cualquier rincón del mundo.

Recuerda, Inés, que la Alianza era libertad a cambio de justicia. *Justicia* significa que la ayuda a los desfavorecidos de una sociedad no puede ser algo solo puntual —doy unas monedas al pobre de la esquina cuando salgo de casa—, sino toda una legislación que impida estructuralmente la existencia de desfavorecidos, eso de lo que tantas veces hemos hablado contigo: el trabajar para erradicar también el pecado estructural. Los judíos de aquellos siglos lo hicieron lo mejor que supieron. Legislaron en todo tipo de dominios de lo humano —social, político, económico, religioso— con la mentalidad de aquella época, que no es la nuestra, y consideraron que aquellos escritos no eran obra suya, sino de Yahvé. El Pentateuco contiene tres códigos de justicia muy importantes (en hebreo, «justicia» se dice *mishpat*), que son el Código de la Alianza (en el Libro del Éxodo: Ex 20,22-23,19), el Código Deuteronómico (en el Libro del Deuteronomio: Dt 12,1-26,15) y el Código de Santidad (en el Libro del Levítico: Lv 17-26). Son los libros de leyes de lectura aburrida —a veces algo cómicos para nosotros—, pero importantes. No todos los escritos de aquellos años son considerados inspirados por los judíos, ni por los cristianos, pero sí unos cuantos.

No obstante, hecha la ley, hecha la trampa. Los judíos fueron aprendiendo a saltarse el espíritu de la ley cumpliendo con su letra, con lo que empezó a haber desigualdades, marginación social, injusticias. Ahí surgieron los profetas, hombres normales y corrientes, pero con una profunda fe en Dios, sin estudios de teología ni nada por el estilo, que, para su sorpresa, se sentían llamados por Yahvé a *denunciar* las injusticias, la infidelidad del pueblo a la Alianza, y a *anunciar* que, aun cuando Israel experimentara desgracias por su infidelidad, Yahvé acabaría rehaciendo la Alianza con su pueblo. En la redacción de algunos de estos textos hay una pequeña trampa literaria: afirman que el profeta anunció que llegaría una desgracia, que efectivamente acabó llegando, pero en realidad el texto estaba escrito después de esa desgracia. Es un recurso para mostrar que los males de la historia no son solo mala suerte, o el destino contra el que nada podemos hacer, sino fruto del mal ejercicio de nuestra libertad, lo cual es interesante.

Hubo varios grupos de profetas y en distintos siglos. En cambio, no fueron profetas, aunque a veces se les llame así, los primeros patriarcas, incluida una mujer: Abrahán, Miriam, Moisés. No lo son porque lo que se nos dice acerca de ellos con carácter profético es una proyección realizada desde siglos después. En realidad, no sabemos cómo fueron estos primeros personajes, ni siquiera si fueron realmente históricos. Los profetas históricos llegaron varios siglos después. Los más desatacados son los siguientes (¡y perdona si te aburrimos con esta lista!, que tomamos del gran biblista José Luis Sicre, pero es importante):

1. Débora, Samuel y los así llamados *Grupos de Profetas*, cuya actividad fue posterior al éxodo y anterior a la monarquía (siglos XII-XI a.C.).
2. Gad, Natán, Ajías de Siló y otros profetas de los siglos X-VIII a.C., esto es, del inicio de la monarquía a la caída del reino del Norte (Israel).
3. Elías —considerado casi como un segundo Moisés— y Eliseo —vinculados a él están los denominados *Hijos de los Profetas*, que eran grupos comunitarios de profetas—, dos profetas del reino del Norte de mucha importancia, s. IX a.C.
4. Amós, Oseas, el Protoisaías[9] y Miqueas, durante el destierro a Nínive (s. VIII a.C.).
5. Jeremías, Ezequiel y el Deuteroisaías, durante el cautiverio en Babilonia, s. VI a.C.
6. El Tritoisaías, Ageo y Zacarías, a finales del s.VI a.C.

9. El libro de Isaías está escrito por tres autores distintos: el Protoisaías (o Primer Isaías), capítulos 1-39; el Deuteroisaías (o Segundo Isaías), capítulos 40-55, excelente escritor de cuya biografía sabemos muy poco; y el Tritoisaías (o Tercer Isaías), capítulos 56-66, del que también poseemos poca información.

Hay más profetas, y profetisas, pero estos son los más importantes. Precisamente fueron profetas los que empezaron a hablar de la llegada del Mesías, del liberador definitivo de Israel y de todas las naciones, un liberador para toda la humanidad —algo inaudito en aquel tiempo, incluso hoy—, alguien que para Israel estaría a la altura de un Moisés o de un Elías.

La experiencia espiritual de Israel, que está en la raíz de nuestra vivencia cristiana, es la fe en un Dios personal, único, bueno, creador de todo, que quiere que su pueblo viva en paz y justicia, que lo acompaña en su caminar, lo ilumina en su legislar, fecunda su tierra, que está por encima de todo, no oprime, al revés, da confianza y da responsabilidad, por lo que pone al hombre —varón y mujer— como dominador —hoy diríamos responsable— de toda la Creación, no propietario, sino administrador, jardinero que cuida de un jardín que no es suyo. Es una fe de carácter histórico, a diferencia de muchas otras de aquellos siglos: nace en una experiencia histórica, la del éxodo del pueblo de Israel, se despliega durante siglos como estructuración social y política de esa experiencia fundante, y apunta hacia el futuro, hacia la llegada del Mesías. Con Israel nace el sentido de la historia en Occidente. ¡Es una fe magnífica! Aquel pequeño pueblo —porque nunca fue grande— ha marcado toda la tradición occidental hasta hoy. Nos ha dado la conciencia de historia, de la que nace la idea moderna de progreso. ¡Impresionante!

6. Jesús de Nazaret

Como ves, Inés, con el paso de los siglos, la fe hebrea se iba haciendo *mesiánica*. El pueblo de Israel esperaba la llegada del Mesías, unos más que otros, todo hay que decirlo. Nadie sabía muy bien cómo sería ese Mesías, qué haría, qué diría, aunque la mayoría lo veía como un nuevo rey David, un gobernante poderoso que liberaría a Israel de la ocupación. ¿De qué ocupación había que liberar a Israel? Te hemos hablado de las invasiones asiria y babilonia (norte y sur, respectivamente), pero es que luego hubo más. Entre otras: llegaron los griegos con Alejandro Magno a la cabeza en el siglo IV a.C., y luego los romanos en el I a.C. Entre la ocupación helénico-seléucida y la romana, concretamente entre finales del siglo II y mediados del siglo I a.C., hubo períodos breves de relativa independencia, pero no duraron mucho, medio siglo. Por ello, en tiempos de Jesús, siglo I de nuestra era, el judaísmo vivía una crisis profunda. Llevaban ¡más de trescientos años! —con una breve interrupción— con su tierra ocupada por imperios extranjeros. La cultura griega lo impregnaba todo, y había muchos judíos helenizados —entre ellos, Jesús—, lo cual estaba muy mal visto por los judíos ortodoxos, que nada querían saber de la cultura griega.

A los escritos judíos anteriores a la vida de Jesús los llamamos *Antiguo Testamento*, mientras que a los textos vinculados al acontecimiento de Cristo los llamamos *Nuevo Testamento* —vida, muerte y resurrección de Jesús, y primeras comunidades cristianas—. La palabra testamento es una mala traduccón del latín *testamentum*, que, en realidad, significa *Alianza*. *Testamentum* era una traducción del griego *diatheke*, que a su vez traducía el término hebreo *berit*. Deberíamos hablar de *Antigua Alianza* (alianza de Yahvé con Israel) y de *Nueva Alianza* (alianza de Dios con la humanidad en Jesús), pero las expresiones *Antiguo Testamento* y *Nuevo Testamento* han quedado ya consagradas.

En tiempos de Jesús había un rey judío, Herodes; bueno, en realidad hubo dos, Herodes padre y Herodes hijo: Herodes el Grande fue rey de Judea, Galilea, Samaria e Idumea entre los años 37 y 4 a.C., y su hijo, Herodes Antipas, también llamado *el Tetrarca*, fue rey del 4 a.C. al 39 d.C. El padre fue el que reinaba cuando nació Jesús, el de la persecución de los santos inocentes, mientras que el hijo fue el que ordenó matar a Juan Bautista, primo de Jesús, y el que se burló de Jesús preso y lo envió a Pilatos, el procurador romano, para que este acabara con él. No obstante, ese rey de Judea —tanto el padre como el hijo— era una marioneta, un vasallo; quien mandaba de verdad era el poder romano. Recuerda que en la parte oriental del Imperio Romano tenían el idioma griego y la cultura helénica, no el latín.

Bajo todos los puntos de vista, Jesús fue un hombre extraordinario. Si votáramos quién ha sido el hombre más humano, más admirable, de la historia de la humanidad, probablemente él sería el más votado. Es impresionante ver a ese hombre sencillo de Nazaret, sin estudios ni riqueza, sin ciudadanía romana, sin poder, sin pertenencia a una familia sacerdotal —la aristocracia judía de la época—, sin nada de eso, ser el primer hombre de la historia que tuvo conciencia de humanidad, de fraternidad universal, de igualdad, de solidaridad sin límites, de entrega total a los demás, el primero que rompió todas las barreras que dividían a los hombres de la época, todas, sin dejarse ni una. Y murió en cruz, el peor de los tormentos. Su figura nos sigue dejando boquiabiertos casi dos mil años después.

No tenemos conocimiento exacto de la cronología de la vida de Jesús. Hay varias hipótesis a partir de algunos datos históricos que sí tenemos. Probablemente nació entre el 7 y el 4 a.C. —los últimos años del reinado de Herodes el Grande—, empezó su vida pública entre los años 27 y 28 d.C., y murió la vigilia de Pascua del 30 d.C. Solemos decir que la hora de su muerte fue hacia las 15.00 h., pero tampoco esto es seguro. Parece un poco cómico que Jesús naciera antes que él mismo (entre el 7 y el 4 a.C.), pero los cálculos acerca de su nacimiento provienen de un monje bizantino, Dioniso el Exiguo, quien, en el año 527, se equivocó y creyó que Jesús había nacido unos años más tarde. Había sido el papa Hormisdas quien le había hecho ese encargo, y sería otro papa, Bonifacio IV, quien lo dio por bueno y lo asumió oficialmente. El calendario exacto que tenemos ahora, el gregoriano, lo instauró el papa Gregorio XIII mucho después, en el año 1582, aunque algunos reinos tardarían aún más tiempo en adoptarlo, como Inglaterra, en 1752, o Rusia, en 1918.

Sabemos bastantes cosas acerca de la denominada *vida pública* de Jesús, que son los tres años en que anduvo anunciando el Reino de Dios hasta que fuera crucificado en Jerusalén. En cambio, casi no sabemos nada acerca de sus primeros 31-34 años de vida. Los evangelios hablan muy poco de esa vida oculta, y lo que dicen de ella está cargado de simbolismo.

Inés, vamos primero a hablarte de Jesús, y luego diremos algo acerca de lo que es histórico y de lo que es fruto de la fe de los primeros cristianos, la diferencia entre el *Jesús histórico* y el *Cristo de la fe*.

Como te decíamos, Jesús fue un hombre extraordinario, y no por sus abundantes estudios, que no tuvo, sino porque llegó a la médula del ser humano. Siempre que vemos una persona que nos impresiona, sabemos que, aun siendo maravillosa, en ella habita de algún modo el mal, el pecado, porque a todos nos pasa, solemos decir. Da la impresión de que nadie pueda ser completamente humano, sin peros, o peor aún, que lo humano precisamente consista en ser inhumano. Vamos a ver si conseguimos explicártelo mejor: si decimos que dejarse llevar por el egoísmo, por la ambición, por la envidia, es normal, que nos pasa a todos alguna vez, entonces no podemos afirmar que sea algo malo, dado que es natural, normal. ¿Por qué condenarlo si es natural, humano, comprensible? ¿Por qué no aceptarlo? Sin embargo, lo percibimos como inhumano, como contrario a lo humano, porque consideramos que lo humano es otra cosa: amar, respetar, servir, solidarizarse, ser feliz, hacer felices a los demás, etc. Pero ¿quién ha vivido todo eso sin mancha? Jesús de Nazaret.

En la fe cristiana, afirmamos que cuando Dios quiso hablar a la humanidad, a toda la humanidad, utilizó un lenguaje humano, y ese lenguaje fue Jesús. Jesús es *el hablar de Dios a todos los hombres*, la Palabra de Dios. Y para que quede bien claro que él viene de Dios mismo, que no es ajeno a Dios, decimos que es *Hijo de Dios*. Cuando decimos que tú, Inés, eres hija nuestra, estamos afirmando que procedes de nosotros. Además de la educación y del amor que te hemos dado, todo tu ser biológico proviene de nosotros, que provenimos de nuestros padres, tus abuelos, y así sucesivamente. Tú eres, por tanto, tan humana como nosotros, y como nuestros padres y abuelos, porque no somos hijos de piedras ni de plantas. Para afirmar que Jesús procede de Dios mismo, y que no es sin más un hombre, aun siendo hombre, decimos que es Hijo de Dios, para dejar claro que participa de la divinidad de Dios —su total entrega a los demás por amor—, aun compartiendo nuestra humanidad —vivió nuestras limitaciones y fue tentado como nosotros somos tentados.

Te habíamos dicho que el pueblo de Israel llevaba siglos esperando al Mesías, y que los judíos no tenían muy claro cómo sería. Sabemos que la opinión mayoritaria era que sería un gran rey que liberaría a Israel de la ocupación extranjera. Sin embargo, algunos profetas ya habían anunciado que el Mesías no sería un *rey triunfante,* sino un *siervo sufriente* que, así como un cordero inocente es llevado al matadero, así también él moriría por nosotros y, decían, «sus cicatrices nos curarán», una imagen dramática y preciosa. Por ejemplo, el Deuteroisaías —recuerda: capítulos 40-55 del Libro de Isaías, cautiverio en Babilonia, s. vi a.C.— escribió cuatro Cantos del Siervo, una auténtica joya de la literatura de la Antigüedad. Aquí tienes el Cuarto Canto (Is 52,13-53,12), lleno de fe y de belleza dramática:

> Mirad, mi siervo tendrá éxito, subirá y crecerá mucho./ Como muchos se espantaron de él,/ porque desfigurado no parecía hombre/ ni tenía aspecto humano;/ así asombrará a muchos pueblos;/ ante él los reyes cerrarán la boca,/ al ver algo inenarrable y contemplar algo inaudito./ ¿Quién creyó nuestro anuncio?/ ¿A quién se reveló el brazo del Señor?/ Creció en su presencia como brote, como raíz en tierra árida, sin figura, sin belleza./ Lo vimos sin aspecto atrayente,/ despreciado y evitado de los hombres,/ como un hombre de dolores acostumbrado a sufrimientos,/ ante el cual se ocultan

los rostros, despreciado y desestimado./ Él soportó nuestros sufrimientos y aguantó nuestros dolores;/ nosotros lo estimamos leproso, herido de Dios y humillado;/ pero él fue traspasado por nuestras rebeliones,/ triturado por nuestros crímenes./ Nuestro castigo saludable cayó sobre él,/ sus cicatrices nos curaron./ Todos errábamos como ovejas, cada uno siguiendo su camino,/ y el Señor cargó sobre él todos nuestros crímenes./ Maltratado, se humillaba y no abría la boca:/ como cordero llevado al matadero,/ como oveja ante el esquilador,/ enmudecía y no abría la boca./ Sin defensa, sin justicia, se lo llevaron,/ ¿quién meditó en su destino?/ Lo arrancaron de la tierra de los vivos,/ por los pecados de mi pueblo lo hirieron./ Le dieron sepultura con los malvados/ y una tumba con los malhechores,/ aunque no había cometido crímenes/ ni hubo engaño en su boca./ El Señor quiso triturarlo con el sufrimiento/ y entregar su vida como expiación:/ verá su descendencia, prolongará sus años,/ lo que el Señor quiere prosperará por su mano./ Por los trabajos de su alma verá la luz,/ el justo se saciará de conocimiento./ Mi siervo justificará a muchos,/ porque cargó con los crímenes de ellos./ Le daré una multitud como parte,/ y tendrá

como despojo una muchedumbre./
Porque expuso su vida a la muerte/
y fue contado entre los pecadores,/ él
cargó con los pecados de muchos/ e
intercedió por los pecadores.

Como ves, Inés, en este hermoso poema profético del siglo VI a.C. no se espera a un Mesías
que liberará a Israel con la fuerza de las armas,
sino todo lo contrario, será su sangre inocente
la que traiga la salvación, y como se dice en
otros pasajes, no solo para Israel, sino para todas
las naciones.

No obstante, el tipo de Mesías más
esperado en el siglo I d.C. era el triunfador, el
político, el militar, el rey, el sumo sacerdote.
De ahí que cuando el hijo de un carpintero[1]
de Nazaret hablara como el enviado que esperaba Israel, causara desconcierto. Hay un texto
del Evangelio de Lucas (Lc 4,16-28) en el que
podemos ver con claridad esos tres elementos
del surgimiento de Jesús como Mesías:

1. Los judíos esperaban un Mesías triunfante;
2. Se quedan boquiabiertos ante el mensaje nuevo
de Jesús;
3. Lo rechazan porque no les cabe en la cabeza que
un simple hijo de carpintero pueda ser el Mesías.

Sin duda, este texto junta elementos históricos

---

1. Tanto Jesús como su padre, José, eran de oficio
arreglalotodo, pero podemos traducir la expresión griega
tekton por carpintero, aunque seguramente ni José ni
Jesús trabajaban solo la madera.

con otros de elaboración teológica, tal como luego te explicaremos cuando distingamos entre el *Jesús histórico* y el *Cristo de la fe*. En él, Lucas narra cómo Jesús, en la sinagoga, se levanta para leer un fragmento del Libro de Isaías (Is 61,1-2) en el que el profeta pone en boca del futuro Mesías que este ha sido ungido para anunciar a los pobres la Buena Nueva, la liberación a los cautivos, la vista a los ciegos, la libertad a los oprimidos, y proclamar el Año de Gracia del Señor.[2] Jesús acaba su lectura y afirma ante todos los que están allí que «hoy se ha cumplido esta Escritura que acabáis de escuchar». Los allí presentes se quedan sorprendidos de la autoridad con la que habla, pero al ver que es el hijo del carpintero, lo echan de allí de mala manera.

No sabemos qué grado de conciencia tenía Jesús de su misión. Durante siglos, fueron muchos los cristianos que creyeron que Jesús era —y lo decimos medio en broma— una especie de Dios paseándose por la Tierra, y como tal Dios, capaz de saberlo todo y de poder con todo. Exagerando, sería alguien que, siendo

2. En el judaísmo antiguo, el Año de Gracia o Año de Jubileo (en hebreo, *jobel o yobel,* que san Jerónimo traduciría al latín por *iubilaeus,* que quiere decir *júbilo, alegría*) se celebraba cada cincuenta años, o sea, justo después del año 49 de cada ciclo de 7 x 7 años, basándose en el Libro del Levítico (Lv 25,10). En ese año se liberaba a los esclavos, se concedía amnistía a los presos, se descansaba, se dejaba de trabajar la tierra, se restituían las posesiones que se habían comprado y se reagrupaban las familias dispersas. Era una forma de expresar la misericordia de Yahvé y de refundar la fraternidad hebrea.

galileo en el siglo I, entendía cualquier idioma del mundo y conocía todas las teorías científicas que aún tardarían casi dos milenios en llegar. Dicho más respetuosamente, y no en tono de burla, a esos cristianos —y tú conoces a algunos de ellos, Inés— les costaba menos entender la divinidad de Jesús que su humanidad. Hace ya tiempo que descartamos esa idea inhumana, extraterrestre, de Jesús. Preferimos afirmar, creer, que *Jesús fue humano, profundamente humano, tan humano que solo podía venir de Dios, porque lo humano no se opone a lo divino, sino que, si es auténticamente humano, constituye la mejor expresión de Dios.* Tratándose de un ser humano —y volvemos ahora a la ironía—, Jesús no podía entender el chino sin haber tenido contacto con este idioma, no sabía que existía América, y, lejos de conocer la física de Galileo, solo tenía acceso a la ciencia del galileo medio de su época, valga el juego de palabras. Ahora bien, en esa *limitación humana*, Jesús vivió la *plenitud divina*, la experiencia de ser Hijo de Dios Padre; se supo enviado, se supo Palabra; entendió que el Reino de Dios, ese estado de la humanidad que responde al plan de Dios, ya había empezado, ya era históricamente posible. Hemos dicho que no sabemos el grado de conciencia que tuvo Jesús de su misión. Los cristianos viejos —décadas y siglos atrás— afirmaban que, desde niño, Jesús ya tenía plena conciencia de su divinidad. Los que hemos atravesado de un modo u otro la psicología moderna más bien nos inclinamos a pensar que, como todo ser humano, Jesús fue siendo consciente progresivamente de su misión, de tal modo que él no siguió una estrategia claramente programada desde un inicio, sino que se dejó llevar por el Espíritu —Dios que habita en nosotros—, confió en Él, se preocupó por el Reino y su justicia y dejó que lo demás viniera por añadidura, como el propio Jesús dice en el Evangelio de Mateo (Mt 6,33).

Prueba de ello es que desde un primer momento Jesús parece entender que su misión es solo para los judíos, que él debe anunciar la buena noticia[3] de la salvación que viene de Dios Padre al pueblo de Israel, que cree en Yahvé, no a los paganos, que creen en diversos dioses. No obstante, también desde un inicio él siente que absolutamente nadie está excluido del Reino, por lo que, cuando los judíos lo rechazan, decide reorientar su predicación hacia los paganos. Es lo que los estudiosos del Evangelio de Marcos, como el difunto jesuita mexicano Carlos Bravo Gallardo, a quien tu padre admiraba mucho, denominan *la crisis de Galilea*. Esta es una de las cosas sorprendentes del acontecimiento Cristo: *al Mesías lo esperaban los judíos, pero fueron los paganos quienes lo acogieron*.

Es una pena que los judíos no lo acogieran; aunque, en realidad, muchos sí lo hicieron: por ejemplo, todos sus discípulos eran judíos. Fueron más bien las autoridades judías las que se opusieron a su mensaje y a su estilo. Tal vez por ello las primeras comunidades cristianas fueron mayoritariamente de origen pagano y solo minoritariamente judeocristianas. Decimos

3. *Buena noticia, buena nueva*, en griego, se dice *euangelion,* «evangelio».

que es una pena porque precisamente eran los judíos los que esperaban al Mesías. No obstante, muchos no lo reconocieron. No olvides que, en aquel tiempo, como ya hemos dicho, el judaísmo vivía una crisis profunda: no destacaba precisamente por su alto nivel espiritual, del mismo modo que hoy la Iglesia católica vive una crisis profunda y tampoco destaca por su alto nivel espiritual, como bien sabes, Inés.

No sabemos cómo fueron los 31-34 años de *vida oculta* de Jesús, pero sí podemos afirmar que los tres años de *vida pública* fueron extraordinarios, una auténtica joya de la historia de la humanidad, que todavía recordamos dos milenios después. Jesús no se anunció a sí mismo como Mesías, sino que anunció el Reino de Dios. De los cuatro evangelios, el de Marcos es el más antiguo, data del año 70, aunque estudios recientes lo hacen más antiguo todavía, y por ello se le puede suponer una mayor cercanía a los hechos acontecidos, aun cuando, como el resto de los evangelios, posee una elaboración teológica por parte del autor. Pues bien, en el Evangelio de Marcos, Jesús rechaza sistemáticamente que lo proclamen Mesías, rey de los judíos o cosas por el estilo. Es algo que sorprende y que los biblistas denominan *secreto mesiánico*. ¿Por qué Jesús ocultaba que era el Mesías, si en realidad sabía que lo era? ¿No te parece raro? Lo que ocurre es que su mesianismo es invertido: él habla de un Dios que no nos sale al encuentro en la gloria del mundo, sino en el vertedero social. *Para encontrar a Dios no hay que subir, sino bajar; no hay que quedarse dentro del sistema, sino salir a los márgenes.* Por ello, Jesús rechaza todo enaltecimiento. Él no se anuncia a sí mismo, sino que proclama el Reino, aunque ahora sabemos que el Reino es él: el Reino es el modo de vida humana, plenamente humana, que Dios espera de nosotros, ese modo de vida que vivió Jesús. Y él decía: «el Reino de Dios está entre vosotros». El Reino no es algo que nos venga de fuera, sino lo que nosotros somos en lo más profundo de nuestra interioridad. Jesús nos revela cómo somos auténticamente y nos invita a cambiar nuestra actual *existencia inauténtica* por la *auténtica.* Lo de *existencia auténtica* e *inauténtica* lo tomamos de filósofos y teólogos alemanes del siglo XX, con cuyos nombres ahora no te vamos a marear.

Durante sus tres años de vida pública, Jesús mostró y practicó que cualquier constructo humano de tipo religioso, político, económico, social o de cualquier otra naturaleza está al servicio de la persona humana, y no está al servicio de aquel, y por ello afirmó que «el Sábado ha sido hecho para el hombre, y no el hombre para el Sábado» (Mc 2,27), siendo el *Sabbath* la costumbre judía más importante, como sabes muy bien, Inés, porque vivimos en la colonia Polanco, Ciudad de México, y tenemos por vecinos a muchos judíos ortodoxos que observan escrupulosamente el *Sabbath.* Jesús no tuvo inconveniente en sentarse a comer con pecadores, algo impensable en el judaísmo antiguo, porque la salvación es para todos, empezando por los que están más abajo; de hecho, se acercó a todos los grupos marginales de su época, dado que el anuncio del Reino no deja a nadie fuera. Tanto sus *parábolas* (cuentos sencillos con un mensaje profundo) como sus *signos* (gestos con significado, mal traducidos por *milagros*) apuntan siempre a una sociedad sin marginados, donde todos somos hermanos, sin excepción, hijos de Dios Padre.

Los tres mensajes fundamentales que nos dejó Jesús son estos:

1. Dios es un padre cercano, que nos quiere como nadie nos ha querido nunca; incluso le llama *Abbá*, expresión aramea que significa papá, papi. A los pobres evangelistas les parecía tan increíble que a Dios se le pudiera llamar así, que no osaron traducir la expresión al griego, idioma en que están escritos los evangelios, y la dejaron en su original arameo, *Abbá*. ¡Qué hermoso modo de llamar a Dios!

2. El Reino está entre nosotros, esto es, podemos construir un mundo distinto, una manera completamente nueva de ser personas en sociedad.

3. Nos invita a que proclamemos y construyamos el Reino. ¿Y si no sabemos por dónde empezar, cómo hacerlo, qué decir? No debemos preocuparnos: el Espíritu nos iluminará.

Inés, aun cuando todas las personas del mundo te fallen, el Espíritu siempre estará ahí contigo, en ti; no lo dudes; nunca estarás sola. Esta es una de esas experiencias de fe que nosotros, tus padres, hemos tenido la dicha de vivir en muchas ocasiones: el sentir y comprobar en nuestro fuero interno que, incluso cuando atravesamos los más oscuros túneles de la existencia, cuando todo parece ensombrecerse a nuestro alrededor, en esos momentos en que la visión terrenal y limitada de nuestro cerebro nos dice que no hay salida, incluso entonces la luz del Espíritu sigue ahí, iluminándonos. Es lo mismo que ocurre con la luz del sol: al atardecer, cada día, dejamos de ver el sol, su luz desaparece, y uno podría creer (si no hubiera estudiado) que ha dejado de existir. Pero todos sabemos desde hace siglos que el sol sigue ahí, donde estaba durante el día, solo que, durante unas horas, dejamos de verlo. En esa *noche oscura* (como tan poéticamente la describió san Juan de la Cruz en el siglo XVI), Dios está también con nosotros.

Como decíamos, pues, los tres años de *vida pública* de Jesús fueron impresionantes, pero no podían haber acabado peor: en la cruz. Durante ese tiempo Jesús anunció, y sobre todo vivió, el Reino de Dios: se acercó a los necesitados, enfermos, marginados, pecadores, extranjeros, paganos, a cualquier persona que estuviera fuera del sistema; les mostró amor, comprensión, cercanía, y los reintegró en la sociedad, dado que en el Reino no puede haber marginados. No buscó la popularidad, pero, sin embargo, se hizo famoso, le empezaron a aclamar las multitudes. Eso inquietó a las autoridades político-religiosas judías,[4] a las que no les gustaba que alguien ajeno al sistema de poder tuviera tanto éxito. Le dijeron que se

---

4. En el judaísmo antiguo, como en no pocas sociedades de aquellos siglos, lo político y lo religioso estaban bastante unidos.

callara, y no se calló; que se fuera, y no se fue. No solo eso: en plena Pascua, la fiesta más importante de los judíos, cuando todo el mundo estaba en Jerusalén, ¡se puso a predicar en el Templo!, el centro neurálgico del judaísmo. Aquello fue demasiado. Sus enemigos decidieron acabar con él lo antes posible. Le colgaron las acusaciones más grotescas y contradictorias. Como los judíos no podían condenar a muerte en Pascua, fueron al poder romano, pagano, para que ejecutara la sentencia. El procurador romano, Poncio Pilatos, no tenía ni idea de qué iba aquella película; aquel Jesús no era una amenaza para Roma. ¿Por qué matarlo? Ante la insistencia de los judíos, y al ver que estos cambiaban la acusación religioso-intra-judía («¡Ha blasfemado!») por otra político-subversiva («¡Dice que es rey de los judíos, y nosotros no tenemos más rey que el César!»), ¡cuánta hipocresía!, Pilatos se lavó las manos y ordenó que lo crucificaran. ¡Vaya juez!: «Es inocente, pero ejecútenlo». ¿Dónde queda el famoso Derecho romano, que aún hoy se estudia en las facultades de Derecho de medio mundo? Y todo esto durante la noche del jueves de Pascua y la mañana del viernes, deprisa y corriendo, rápido, rápido, acabemos cuanto antes, no sea que el pueblo se ponga de parte de Jesús.

El juicio a Jesús fue una burla, y su ejecución en cruz, una infamia. Pero el Mesías, el auténtico, no podía morir de otro modo: *en un mundo donde tanta gente muere injustamente, el Mesías no podía morir de otra manera.*

Su vida no podría haber acabado peor. Su fracaso no podría haber sido mayor a los ojos del mundo.

Pero ¿y a los ojos de la fe?

7. El Jesús real, el Jesús histórico y el Cristo de la fe

Hay dos lecturas de la vida de Jesús: *con fe* en que él era el Mesías esperado por Israel, el salvador, no solo de Israel, sino de la humanidad entera, y *sin esa fe*. Somos conscientes de que en las páginas anteriores las hemos mezclado un poco. Vamos ahora a verlas por separado.

Sin fe, la vida de Jesús es la de un hombre extraordinario, tal vez el más grande de la historia de la humanidad, un hombre de una bondad ilimitada, que rompió esquemas y cuestionó el sistema como nadie, que tuvo sentido de humanidad de un modo singular y totalmente novedoso, esto es, que no se guió por eso tan común, aun hoy en día: «Este es blanco y ese negro», «Este es hombre y esa mujer», «Este es de los nuestros y ese de los otros», «Este es de nuestro país y ese extranjero», «Este es rico y ese pobre». Para él todos fueron personas, hermanos, hijos del mismo Dios Padre.

Sin conocer el planeta como lo conocemos nosotros hoy, tuvo un sentido de humanidad muy superior al nuestro. No necesitaba saber chino, ni saber que existía América, ni conocer la física de Galileo o la de Einstein, para afirmar que Dios es Padre de todos, que todos somos hermanos, y que por ello todos tenemos la misma dignidad, fundamento del discurso de los derechos humanos y de la democracia moderna, aun cuando él fue mucho más allá de nuestras hipócritas proclamas políticas. Sin fe, Jesús fue el mejor de los hombres.

Con fe, Jesús es la Palabra de Dios que se expresa en el más humano de los lenguajes, en la persona más humana que hayamos visto jamás. No podemos acceder a Dios, pero él sí puede acceder a nosotros, y lo hace en Jesús, algo que se prepara en Israel.

¿Existió Jesús? Mal que les pese a algunos, sí que existió. ¿Fue el Mesías? Ah, eso ya es materia de fe.

Sin fe, Jesús fue un hombre extraordinario que acabó fracasando, como Gandhi, Martin Luther King, san Óscar Romero, Ignacio Ellacuría —todos ellos, ejemplos cercanos a nosotros, del siglo xx—, personas que dieron su vida por una causa noble y murieron asesinadas sin llegar a verla realizada: la India independiente y con convivencia fraterna entre religiones en el caso del Mahatma Gandhi; los Estados Unidos con la igualdad de todos los ciudadanos, sin excepción de razas, en el caso del buen pastor protestante Martin Luther King; El Salvador, y en general América Latina, sin injusticias estructurales en el caso de otro buen pastor, católico, san Óscar Romero, y del jesuita filósofo y teólogo Ignacio Ellacuría, de quien tu padre te ha hablado hasta marearte, ¡pobre Inés!

Con fe, Jesús es quien nos trae la salvación eterna, quien nos muestra que la vida tiene sentido, incluso para los que mueren clavados en una cruz, ahogados atravesando el Mediterráneo de África a Europa o despedazados por los narcos de México. De esta fe, de este sentido, hay miles de testimonios de todas las épocas, pero te recordaremos aquí uno cuya intensidad y autenticidad nos taladró cuando lo leímos en nuestra juventud: es el testimonio de Elie Wiesel, Premio Nobel de la Paz 1986, recogido en su libro autobiográfico *La noche* (*La nuit*, en su versión original), en el que, muchos años después, relata su experiencia como prisionero en los campos de concentración de Auschwitz y de Birkenau cuando era un adolescente. Él cuenta que un día reunieron a todos los prisioneros del campo de Auschwitz para que presenciaran la ejecución de dos adultos y un niño. Debido a su poco peso, el niño tardó media hora en morir. Durante esos interminables minutos, oyó cómo alguien detrás de él se preguntó: «¿Dónde está Dios?». El joven Elie sintió que una voz dentro de él contestaba: «¿Dónde está Dios? Está ahí, colgado de esa horca».

Esta es la fe que Jesús nos mostró. Como dice el papa Francisco, el Cristo crucificado está en cada persona que sufre. Y esa fue la experiencia que tuvieron los discípulos de Jesús pocos días después de su muerte cuando ya se habían dispersado por la región muertos de miedo. Al recordar el gesto que Jesús había tenido con ellos en la famosa *última cena*, la fracción del pan y el compartir el vino del mismo cáliz, símbolo de la fraternidad universal, entendieron que estaba vivo, no como antes, sino de otro modo y para siempre, y que eso ya lo habían anunciado los profetas.[1] Dios Padre

1. Las palabras de Jesús diciendo que «comamos su

71

había resucitado a aquel hombre, no a otro, a aquel que había vivido y había sido ejecutado de aquella manera. Ese era su Hijo, su Palabra.

Los primeros cristianos vivieron tan intensamente esta fe que creyeron de verdad que el fin del mundo estaba próximo, no como una película de catástrofes de esas que a tu padre tanto le gusta ver, sino como el inicio de una nueva vida, eterna, sin dolor ni sufrimiento, con una fraternidad universal plena. Una maravilla. Eso ya había empezado con la resurrección de Jesús.

Aquellos años debieron de ser impresionantes. ¿Te imaginas vivir sabiendo que la mejor vida que puedas imaginar está a punto de empezar? Sería fascinante. No obstante, los años pasaron y esa vida no llegaba. «Houston, tenemos un problema», podrían haber pensado los primeros cristianos, de haber vivido en nuestra época. Poco a poco, se fueron dando cuenta de que entre el *ya sí* de la vida que ha empezado y el *todavía no* de su manifestación plena tenemos ni más ni menos que nuestra historia: vivimos entre el *ya sí* de la fe en que esta vida tiene sentido porque en ella ya habita la Vida plena y el *todavía no* de esa misma vida llena de injusticias y de miseria. Vivimos en México, Inés, con cerca de cien homicidios al día; en América Latina, con unas desigualdades

---

cuerpo» y «bebamos su sangre», refiriéndose al pan y al vino, suenan hoy horribles. En la cultura judía antigua, el cuerpo era el modo de hablar de la *presencia*, y la sangre, de la *vida*. «Este es mi cuerpo» y «esta es mi sangre», «comed y bebed», significa que *cuando vivamos la fraternidad, él estará presente dándonos vida.*

sociales y económicas brutales; venimos de Europa, donde los inmigrantes africanos y orientales no podrían ser peor recibidos, y donde abunda el egoísmo y el consumismo; vivimos en el mundo, que es todo menos un jardín de fraternidad. Y, sin embargo, en nosotros ya habita el Reino de Dios. Cada vez que alguien ama a su hermano, mejor aún, a su enemigo, el Reino está ahí. La *existencia auténtica* da sacudidas para salir a la superficie, como tú en el vientre de tu madre, a quien no parabas de darle patadas, ¡pobre mamá! *Nuestra historia está embarazada, está esperando el Reino que ya vive en nuestro interior. No vayamos a abortarlo; ayudémosle a nacer.*

Las primeras comunidades cristianas —Jerusalén, Roma, Antioquía, Corinto, Éfeso, etc.— alimentaban su fe con los relatos de los discípulos que habían conocido personalmente a Jesús, en su mayoría hombres, pero también había entre ellos no pocas mujeres. Algunos tenían una autoridad especial, los apóstoles,[2] como Pedro, Juan, Santiago o Pablo.[3] A estos se les escuchaba —o se leían sus cartas— con una atención especial. Mientras ellos estuvieran vivos, el alimento de la fe estaba asegurado. Pero empezaron a morir, la mayoría martirialmente, como Jesús mismo. Solamente Juan, el evangelista, falleció de muerte natural. Fue entonces cuando se empezaron a recopilar sus relatos, como las cartas de Pablo, y a poner

2. *Apóstol* en griego significa *enviado, mensajero.*

3. Pablo no conoció personalmente a Jesús, y paradójicamente es quien mejor entendió su mensaje.

por escrito lo que ellos habían explicado oralmente. A uno, al que llamamos Marcos, se le ocurrió escribir su testimonio de fe en Jesús con un curioso estilo literario que no existía hasta entonces, el *evangelio*, una especie de relato biográfico en el que, aun cuando parezca que se explique lo que pasó en vida de Jesús, en realidad se está exponiendo la fe de los cristianos en ese Jesús Mesías, solo que de modo narrativo, no sistemático, ni epistolar, ni poético, ni apocalíptico, estilos literarios que sí existían en el judaísmo antiguo. A los estudiosos cristianos modernos occidentales les surgió la pregunta acerca de qué es histórico y qué no en lo que cuentan los evangelios. Típico. Tras siglos de estudio —en la Iglesia católica mucho más recientemente porque antes este tipo de preguntas estaban prohibidas por irreverentes—, se concluyó que hay que distinguir entre lo que los estudiosos denominan *Jesús histórico* y *Cristo de la fe* —algunos lo denominan *Jesús teológico*—; de hecho, habría que añadir un tercero, el *Jesús real*. Vayamos por partes.

El *Jesús real* es el hombre de carne y hueso que existió hace dos mil años. Acerca de él, como acerca de cualquier persona de la Antigüedad, podemos saber muy poco: ¿qué desayunaba por la mañana?, ¿tenía o no dolores de cabeza?, ¿sufría o no de insomnio?, ¿le gustaba o no la fruta? Imposible contestar estas preguntas.

El *Jesús histórico* se refiere a todo aquello relativo a Jesús que, fruto de los modernos estudios histórico-críticos, podemos afirmar que en verdad ocurrió o fue dicho: Jesús existió; era un judío galileo del siglo I; predicó el Reino de Dios; se acercó a los marginados; habló de Dios como *Abbá*; fue proclamado Mesías por unos y vilipendiado por otros; se ganó la enemistad de las autoridades judías; fue crucificado. Todo eso es histórico: se puede afirmar tanto si tienes fe como si no la tienes. Solo el ignorante, o el malintencionado, o el que no se fía de la historia antigua, lo negaría.

El *Cristo de la fe* —o *Jesús teológico*— se refiere a la vivencia que los primeros cristianos tuvieron de que Cristo había resucitado y estaba vivo, actuando, en la comunidad. Cada vez que experimentaban algo que apuntaba al Reino (la curación de un enfermo, el perdón de los pecados, la fraternidad, la salida de alguien de la marginación social), estaban convencidos de que no eran ellos quienes habían hecho eso, sino Cristo que vivía en la comunidad. ¿Recuerdas? Lo mismo que habían hecho los judíos mil años atrás al narrar la salida de Egipto: no habían sido ellos, sino Yahvé. Cuando escriben los evangelios, los autores llevan a cabo lo que los estudiosos denominan una *fusión de horizontes*, es decir, mezclan lo vivido históricamente por Jesús con la fe experimentada por los cristianos décadas después, porque para estos no había diferencia entre lo uno y lo otro. De ahí nuestra confusión al leer los evangelios. Hay cosas que entendemos: Jesús se acerca al leproso, predica el Reino, es ejecutado en cruz; y otras que no: Jesús resucita a Lázaro, cura al paralítico, camina sobre las aguas, resucita. No lo entendemos. Es un modo narrativo de exponernos la fe de los primeros cristianos en Cristo resucitado.

Hubo más de cuatro evangelios, pero solo estos cuatro —Marcos, Mateo, Lucas y Juan, escritos en este orden cronológico— serían considerados *inspirados*, esto es, transmisores de la fe auténtica. A los otros los denominamos *apócrifos*, o sea, fingidos, falsos.[4] Los autores que los escribieron tenían, sin duda, la mejor de las intenciones, pero el resultado no fue brillante. Leerlos es interesante porque aportan datos y planteamientos que se complementan con lo que ya conocemos; y divertido porque aparecen escenas de la vida de Jesús muy distintas a las que vemos en los cuatro evangelios que conocemos, algunas francamente sorprendentes. Algunos son del siglo I y otros posteriores. En cambio, los cuatro evangelios canónicos, inspirados, cada uno con su estilo propio y con su modo distinto de exponer la fe en Cristo, son fascinantes: Marcos con ese «secreto mesiánico» del que ya te hemos hablado; Mateo tratando de mostrar a los judeocristianos que Jesús es el Mesías del que hablan las Escrituras y los profetas; Lucas con parábolas de una ternura que aún nos embriagan veinte siglos después; y Juan presentando al Mesías resucitado en toda su majestuosidad desde la primera hasta la última página, repitiendo una y otra vez «yo soy», expresión divina en el judaísmo antiguo.

La resurrección no es algo mágico que pasó tras la muerte de Jesús, sino el sí de Dios Padre a aquel hombre: ese hombre, que vivió de ese modo y fue ejecutado por aquellas

4. No te ponemos aquí la lista de los evangelios apócrifos porque son ¡unos sesenta!

razones, es su Palabra, su Hijo amado, y por ello él es resucitado para siempre, y con él todos resucitaremos también para siempre. Entre el Jesús *ante mortem* y el *post mortem* (resucitado) hay una continuidad y una discontinuidad: es *el mismo*, pero no *lo mismo*; como nosotros antes y después de morir: nosotros resucitaremos (continuidad), pero no seremos igual que ahora (discontinuidad). Jesús es como la maqueta que el arquitecto hace antes de construir el edificio: gracias a esa maqueta ya sabemos cómo será antes de que sea construido, antes de que esté acabado. Igualmente, gracias a la vida, muerte y resurrección de Jesús ya sabemos qué sentido tiene nuestra vida antes de que haya terminado.

Admite, Inés, que es mejor vivir sabiendo que la vida tiene sentido que vivir sin saberlo.

8. Creemos en Dios, ¿también en la Iglesia?

Y llegó la Iglesia. Como dice el refrán: *Con la Iglesia hemos topado.* Alguien decía medio en broma, medio en serio, que «Jesús anunció el Reino, pero lo que quedó fue la Iglesia». En este último medio siglo, mucha gente se ha dado de baja de la Iglesia porque ha visto que esta institución no respondía a sus preocupaciones personales y cotidianas, que utilizaba un lenguaje ininteligible y un modo de razonar extraterrestre. Esto ha ocurrido sobre todo en la Iglesia católica, pero, *mutatis mutandis*, también en la anglicana, las protestantes/evangélicas y las ortodoxas.[1] Desde el siglo XVI, la Iglesia católica se cerró considerablemente a lo nuevo, a lo moderno, y no empezó a abrirse hasta ¡cuatro siglos después!, y no sin tensiones. Te lo explicaremos en seguida. Pero antes déjanos decirte si hay que creer o no en la Iglesia.

Creer en el Dios de Israel y Padre de Jesús no es lo mismo que creer en la Iglesia. Seguro que has escuchado muchas veces a personas de tu generación —¡y también de la nuestra!— decir: «Yo creo en Dios, pero no

---

1. La historia contemporánea de las Iglesias ortodoxas es difícilmente comparable a la de la Iglesia católica, la anglicana o las protestantes, pues vivieron en un contexto muy distinto: Imperio otomano (musulmán), Revolución rusa, socialismo soviético (ateo), etc.

en la Iglesia»; o también: «Yo soy creyente, pero no practicante». Pues vamos a intentar aclararlo. En la fe cristiana hay dos credos, y profesamos ambos indistintamente en las misas del domingo:

1. El *credo apostólico*, el más breve de los dos, muy antiguo, de autoría imprecisa, dado que se fue gestando a lo largo de la historia del primer cristianismo, probablemente entre los siglos I y V, quiere ser un resumen de la fe de los apóstoles:

> Creo en Dios, Padre todopoderoso, creador del cielo y de la tierra.
> Creo en Jesucristo, su único Hijo, nuestro Señor, que fue concebido por obra y gracia del Espíritu Santo, nació de santa María Virgen, padeció bajo el poder de Poncio Pilato, fue crucificado, muerto y sepultado, descendió a los infiernos, al tercer día resucitó de entre los muertos, subió a los cielos y está sentado a la derecha de Dios, Padre todopoderoso. Desde allí ha de venir a juzgar a vivos y muertos.
> Creo en el Espíritu Santo, la santa Iglesia católica, la comunión de los santos, el perdón de los pecados, la resurrección de la carne y la vida eterna. Amén.

2. Y el *credo niceno*, el más largo, redactado en el siglo IV como respuesta a la herejía arriana durante los concilios Niceno y de Constantinopla:[2]

Creo en un solo Dios, Padre todopoderoso, Creador del cielo y de la tierra, de todo lo visible y lo invisible.

Creo en un solo Señor, Jesucristo, Hijo único de Dios, nacido del Padre antes de todos los siglos: Dios de Dios, Luz de Luz, Dios verdadero de Dios verdadero, engendrado, no creado, de la misma naturaleza del Padre, por quien todo fue hecho; que por nosotros, los hombres, y por nuestra salvación bajó del cielo, y por obra del Espíritu Santo se encarnó de María, la Virgen, y se hizo hombre; y por nuestra causa fue crucificado en tiempos de Poncio Pilato; padeció y fue sepultado, y resucitó al tercer día, según las Escrituras, y subió al cielo, y está sentado a la derecha del Padre; y de nuevo vendrá con gloria para juzgar a vivos y muertos, y su reino no tendrá fin.

Creo en el Espíritu Santo, Señor y dador de vida, que procede del Padre y del Hijo, con el Padre y el Hijo recibe una misma adoración y gloria, y que habló por los profetas.

---

2. Arrio había cuestionado la divinidad de Cristo. Tuvo bastantes seguidores. Este credo corrige esa desviación.

> Creo en la Iglesia, que es una, santa, católica y apostólica. Confieso que hay un solo bautismo para el perdón de los pecados. Espero la resurrección de los muertos y la vida del mundo futuro. Amén.

Ambos fueron redactados en griego y posteriormente traducidos al latín, y aun posteriormente a las lenguas vernáculas, esto es, a las lenguas modernas que hablamos en nuestra vida cotidiana. En ambos se ve con claridad que el objeto de nuestra fe es Dios, no la Iglesia ni ninguna otra realidad, pero que nos adherimos a la Iglesia al profesar esa fe. Fíjate bien en la preposición latina *in* —¡de algo tenían que servirte todas esas horas de clase aprendiendo latín!—. Tomemos, por ejemplo, el credo niceno en su versión latina. En él se afirma lo siguiente:

- *Credo* in *unum Deum, Patrem omnipotentem* [Creo en un solo Dios, Padre todopoderoso].
- *Et* in *unum Dominum Jesum Christum, Filium Dei unigenitum* [Creo en un solo Señor, Jesucristo, Hijo único de Dios].
- *Et* in *Spiritum Sanctum, Dominum et vivificantem* [Creo en el Espíritu Santo, Señor y dador de vida].
- *Et unam, sanctam, Catholicam et Apostolicam Ecclesiam* [Creo en la Iglesia, que es una, santa católica y apostólica].

Observa que en la versión latina decimos tres veces *credo in*, «creo en»: Dios Padre, el Hijo y el Espíritu Santo. Pero no lo decimos para la Iglesia. Decimos: «*[Credo] unam, sanctam, Catholicam et Apostolicam Ecclesiam*». La traducción al español no recoge este importante matiz. ¿Cuál es la diferencia? El *credo in* apunta al objeto de nuestra fe, *que es Dios y solo Él.* Eso significa que confío en Él y me entrego a Él. El objeto de nuestra fe cristiana solo puede ser Dios, no la Iglesia, ni la tradición, ni la Virgen María. Solo Dios. Como reza el título de un libro de José Ignacio González Faus y Josep Vives (†), ambos jesuitas y profesores de tu padre, *«Creer, sólo se puede en Dios. En Dios sólo se puede creer».* Los autores del libro no se refieren al creer antropológico, en sentido amplio, que mencionábamos más arriba cuando decíamos que todos tenemos fe, incluidos agnósticos y ateos. Ellos se refieren aquí a la fe cristiana, y esa fe solo tiene como objeto a Dios. Solo podemos creer en la divinidad: ni la Iglesia, ni la tradición, ni la Virgen María son divinidades.

Afortunadamente, la traducción española del otro credo, el apostólico, es algo mejor y sí trata de recoger este matiz en su última frase: «Creo en el Espíritu Santo, la Santa Iglesia católica, la comunión de los santos, el perdón de los pecados, la resurrección de la carne y la vida perdurable». La traducción tiene buena voluntad, pero es imprecisa —tú misma has visto cientos de veces a tu madre, cuando traduce libros, intentar encontrar la palabra o la expresión precisa que sea al mismo tiempo fiel al original e inteligible en la lengua de llegada—. Conscientemente no se escribe «creo en la Iglesia católica», por lo que ya te hemos dicho, pero si suprimiéramos la expresión «en el Espíritu Santo», lo que quedaría sería gramaticalmente incorrecto: «*creo la* Iglesia católica». En fin, que en español no se ha sabido recoger bien ese matiz tan importante, que, en palabras más llanas, sería algo así: *creo en* Dios *dentro* de la Iglesia; o bien: *creo en* Dios, y por ello *confío en* la Iglesia.

En este sentido, los primeros cristianos tuvieron muy claro desde un primer momento que no es posible seguir a Jesús individualmente, cada uno por su cuenta. Hay que hacerlo en comunidad, en asamblea, y «asamblea» en griego se dice *ekklesía;* de ahí viene el término latino *ecclesia,* y de él nuestro vocablo *iglesia,* que es el mismo que el *església* catalán, el *chiesa* italiano, el *église* francés, el *igreja* portugués o el *kilise* turco, entre otros. En cambio, el *church* inglés —al igual que el *Kirche* alemán, el *kerk* holandés o el *kirke* noruego, entre otros— procede de la expresión griega *kyriakon doma*, que significa «casa *del Señor»*. El seguimiento de Jesús es esencialmente *personal y comunitario*: ni solo personal, ni solo comunitario. *Personal* significa que soy yo, José, Julia, Inés, quien decide seguir a Jesús; soy yo quien profesa la fe en Dios Padre, Hijo y Espíritu Santo. Decimos «creo en Dios», no *«creemos* en Dios»*. No obstante, el proyecto del Reino de Dios es esencialmente comunitario. De ahí que la Iglesia, la comunidad o el grupo sean tan importantes. El problema es que la Iglesia está formada por hombres —varones y mujeres—, y los hombres pueden ser santos, sí, pero también pecadores. A finales del siglo pasado se puso de moda la expresión «Cristo sí, Iglesia no». La

84

utilizaban aquellas personas que se sentían cristianas, pero que no podían soportar las parafernalias de la Iglesia.

Por tanto, Inés, la Iglesia no tiene por qué ser objeto de tu fe si quieres seguir el proyecto del Reino anunciado por Jesús, pero tampoco puedes hacerte una religión a la carta, como si de un menú de restaurante se tratase: «Tomaré una crema de verduras, un entrecot con patatas y un helado de limón». No. En la fe cristiana todos comulgamos del mismo pan y del mismo vino, y en ese compartir se hace presente el Cristo resucitado. El mismo pan y el mismo vino nos hermanan, nos hacen ver que todos somos iguales ante Dios, mientras que los restaurantes y sus menús nos distancian a unos de otros porque tenemos presupuestos y gustos muy distintos.

9. La Iglesia es el pueblo de Dios

¿Qué ha pasado con la Iglesia? ¿Cómo puede ser que la comunidad seguidora de Jesús dé hoy la impresión de ser tan distinta de él? Bueno, en realidad, eso no es del todo cierto. Cuando hablamos de *Iglesia*, en seguida pensamos en curas, obispos y papas —con cierta tendencia malsana a fijarnos en los que lo hacen peor, y a pasar por alto a los más fieles al Evangelio de Jesús—, pero la Iglesia somos todos los miembros del Pueblo de Dios, como dice el concilio Vaticano II (1962-1965). Tú conociste a tu abuela Fina, que en paz descanse, y conoces a otras personas aún vivas cuyos nombres no escribiremos aquí para no sonrojarlas, y estarás de acuerdo en que su estilo de vida sí es acorde con el de Jesús. Esas personas son la Iglesia, Inés. ¿Y los sacerdotes, obispos y papas? También, pero no primordialmente. La Iglesia es el Pueblo de Dios. ¿Qué ha pasado, entonces? Vamos a hacer un breve repaso histórico para explicarlo.

La verdad es que las primeras comunidades cristianas vivieron con autenticidad su fe en Cristo resucitado. Aquellos cristianos eran realmente seguidores de Jesús de Nazaret; su fe en él vertebraba sus vidas y su modo de proceder. Aun cuando resulta obvio que el libro de los Hechos de los Apóstoles ha edulcorado algo la realidad de aquellos tiempos, sabemos que los primeros cristianos compartían los bienes, celebraban la fe, se ayudaban unos a otros, sentían que el Reino de Dios ya había empezado y querían vivir de manera acorde con él. Muchos murieron en el circo romano de manera horrible por negarse a renunciar a su fe, aunque no debemos olvidar que, hoy en día, también muchos cristianos son perseguidos y asesinados por el hecho de serlo, como ocurrió, por ejemplo, con los seis jesuitas de la UCA (Universidad Centroamericana) de El Salvador, en 1989 —siendo Ignacio Ellacuría, rector de aquella universidad, inspirador de buena parte de la vida de tu padre—, o con los siete monjes de Tibhirine (Argelia), en 1996, siendo uno de ellos, Christian, el superior de la comunidad, primo de una buena amiga nuestra francesa, que es la abuela de varios amigos tuyos, Inés. Y no han sido solo sacerdotes, religiosos y religiosas los que han sufrido martirio; lamentablemente también muchos laicos, en su mayoría gente sencilla sin posibilidad de autoprotección, como está pasando hoy en países de mayoría musulmana, como Nigeria, o como pasó en las últimas décadas del siglo pasado en no pocos países de América Latina. Solo cuando vives algo existencialmente en profundidad, estás dispuesto a dar la vida por ello; uno no da la vida por cualquier cosa. En los orígenes del cristianismo, la Iglesia no era ni mucho menos piramidal, sino asamblearia, horizontal, fraterna. Había, sí, diversos ministerios, esto es, servicios a la comunidad, carismas, pero no había una cadena de mando al estilo militar. De hecho, no había *una Iglesia*, sino *diversas iglesias*, comunidades, que se reunían en casa de alguno de sus miembros: en Éfeso, en Corinto, Roma, Jerusalén, Antioquía, etc. Los evangelios son distintos unos de otros en parte porque cada uno va dirigido a una comunidad distinta y el mensaje se adapta a su respectivo público. Esa fe auténtica duró unos dos o tres siglos, aproximadamente. Sin embargo, durante ese tiempo las cosas fueron cambiando poco a poco.

Tal vez un momento importante de ese cambio esté en los escritos de san Ignacio de Antioquía, en el siglo II —a no confundir con san Ignacio de Loyola, siglo XVI—. El primer san Ignacio era obispo de Antioquía (hoy, Antakya, Turquía). Perteneció a la generación que posteriormente denominaríamos *Padres apostólicos*. El obispo Ignacio, sin duda gran santo en muchos sentidos, preocupado por algunas interpretaciones erróneas de la fe cristiana, dio mucha importancia a la unidad de todas las comunidades cristianas en una sola Iglesia que denominaría *católica*, que quiere decir *universal, de todos*, y afirmó que la eucaristía solo podía ser celebrada por el obispo de la comunidad, y cuando esta empezó a crecer, también por los presbíteros.[1] Su intención era la de garantizar la *unidad* de todos los cristianos en torno a la fe auténtica, y no veía mejor modo para lograrlo que vertebrando esa unidad en torno al obispo. Lamentablemente, san Ignacio de Antioquía puso los fundamentos

---

1. *Presbítero* significa *anciano*, en el sentido de *persona sabia, con experiencia*. El presbítero es lo que comúnmente llamamos *sacerdote, cura*.

para una *uniformidad* empobrecedora de la vivencia cristiana. *Unidad* no es lo mismo que *uniformidad*, pero en aquel tiempo se les escapó este matiz. Con este obispo empezó la famosa clericalización de la Iglesia, esto es, el hecho de poner como centro de la vida eclesial a los clérigos (presbíteros, obispos y papas), en lugar de al Pueblo de Dios. Es verdad que, desde fecha muy temprana, la Iglesia de Roma tuvo algo así como una primacía en el amor; venía a ser como la hermana mayor de las iglesias, por encima incluso de Jerusalén, seguramente por el hecho de ser la capital del Imperio y también porque en ella habían sufrido martirio —esto es, habían sido ejecutados— los dos apóstoles más grandes: Pedro y Pablo. No obstante, no es hasta mediados del siglo II que empezamos a ver un *episcopado monárquico*, es decir, el hecho de que el obispo de Roma actúe como un monarca, dando órdenes, enseñando, diciendo lo que está bien y lo que no. Y a imitación de él, también cada obispo y cada presbítero en sus respectivas misiones eclesiales. Esa *monar-quización* —o si prefieres el lenguaje republi-cano, ese presidencialismo— de los ministerios partió a la Iglesia en dos: los ministros (papa, obispos y sacerdotes) y los laicos. Y así hasta el día de hoy. Con el paso del tiempo, surgirían los religiosos no sacerdotes y las religiosas, que serían un colectivo intermedio entre clérigos y laicos. El concilio Vaticano II (1962-1965) intentó moderar esa fractura clerical jerarquía/pueblo, pero lo logró solo a medias.

Si esa tendencia monarquizadora empezó a mediados del siglo II, o sea, cien años después del nacimiento de las Iglesias cristianas, en el siglo IV las cosas se torcerían todavía más y de manera paradójica. Durante los primeros tres siglos, el número de cristianos fue en aumento en el Imperio romano, a pesar de ser perseguidos —con unos emperadores más que con otros, sin duda—. La clave de ese éxito fue el modo de vida fraterno y solidario de los cristianos, que se hacía atractivo y contagioso. Finalmente, la fe cristiana llegó hasta la familia misma del emperador.

El emperador Constantino dio uno de los vuelcos más grandes de la historia de la humanidad: la cristianización del Imperio romano. Curiosamente, él nunca llegó a ser cristiano, pero profesó una gran admiración por los cristianos. En el 313 d.C., en el famoso Edicto de Milán, concedió libertad religiosa en todo el imperio, con lo que los cristianos ya no serían perseguidos en lo sucesivo; dos años después, se abolió la pena de crucifixión; y en el 321, instauró la fiesta del domingo («domingo» viene de *dominus,* o sea, el día dedicado al Señor, que es Jesucristo) y aceptó que la Iglesia pudiera gozar de patrimonio; y por si todo eso fuera poco, solo doce años después de haber concedido la libertad religiosa en todo el imperio convocó ni más ni menos que un concilio cristiano, que tuvo lugar en su residencia de Nicea (hoy, Iznik, Turquía), relativamente cerca de Bizancio (hoy, Estambul). Como explica Hans Küng en su obra *La Iglesia católica,* que te recomendamos por su espíritu crítico y lúcido, en aquel concilio tan importante la última palabra la tuvo el emperador Constantino, ¡que no era cristiano!, ¡y ni siquiera había sido invitado el obispo de Roma! El emperador —no cristiano— introdujo personalmente en el credo niceno la idea de la igualdad sustancial entre el Padre y el Hijo, algo que, formulado así, sin matices espirituales, hace que perdamos la riqueza de la relación paternofilial entre ambos.

Fue el emperador Teodosio el Grande, hispano, quien en el 392 remató la obra iniciada por Constantino al decretar que el cristianismo fuera la única religión oficial del Imperio y prohibir que hubiera otras confesiones religiosas. De este modo, como dice Küng, «en menos de un siglo la Iglesia perseguida se convirtió en una Iglesia perseguidora». ¡Qué contradicción! Como dijo en la primavera de 1992 el gran arquitecto español Miguel Fisac en un debate televisivo, «el cristianismo se basa en dos cosas: libertad y amor»; de hecho, la frase de Fisac continuaba, pero ahora vamos a obviar la segunda parte. *Libertad y amor: Dios nos creó libres por amor, y espera que ejerzamos nuestra libertad amando.* Por ello, un cristianismo impuesto es una contradicción.

En aquel siglo IV ocurrió uno de los acontecimientos más extraordinarios de la historia de la humanidad: habría podido ser «extraordinario» en positivo, pero desafortunadamente lo fue en negativo. *A priori* parecería que un imperio como el romano —inmenso, el más grande que había sobre la Tierra en aquel tiempo— convertido al cristianismo debería ser una noticia magnífica. ¿Te imaginas? ¡Un Imperio basado en los valores evangélicos de la igualdad hombre/mujer, la fraternidad, la solidaridad, la justicia, la caridad, la libertad, la alabanza del Creador! ¡El Cielo en la Tierra! No obstante, como decían los antiguos, *corruptio optimi pesima,* «no hay nada peor que la corrupción de lo mejor» (literalmente, «la corrupción de lo mejor es pésima»). No hay nada peor que el cristianismo impuesto. En lugar de cristianizarse el Imperio romano, se romanizó el cristianismo. A partir de aquel siglo, el cristianismo trató de imitar al Imperio, que caería el 4 de septiembre del año 476 —calendario juliano—, siendo Rómulo Augústulo emperador, a manos de los hérulos, cuyo rey era Odoacro. Fue la caída del Imperio romano occidental, de habla latina. La parte oriental del Imperio, la bizantina, de habla griega, aún duraría casi mil años más, hasta la caída de Constantinopla, el 29 de mayo de 1453 —de nuevo, calendario juliano—, a manos de los otomanos liderados por el sultán Mehmed II, siendo emperador Constantino XI. Si la caída del Imperio romano occidental constituiría el final de la Edad Antigua, la del Imperio romano bizantino oriental coincidiría con el final de la Edad Media.

En el siglo IV, con el emperador Teodosio el Grande haciendo crecer la semilla plantada por Constantino, empieza lo que con el tiempo denominaríamos la *era de cristiandad*, que abarcó desde finales de aquel siglo hasta bien avanzado el siglo XX, con el concilio Vaticano II, o sea, duró ¡un milenio y medio! Es una pena que lo que debería haber sido el paraíso en la Tierra fuera todo menos eso. Conoces suficientemente bien la Edad Media (siglos VI–XV), la Edad Moderna (siglos XVI–XVIII) y la Edad Contemporánea (de finales del siglo XVIII a la actualidad) en Occidente como para darte cuenta de que la *era de cristiandad* no fue, ni de lejos, un paraíso. Pero no todo fue malo en ella, sin duda: surgieron las escuelas y universidades, los hospitales, la ciencia, la democracia, los derechos humanos; pero la lista de lo negativo es muy larga: desigualdad socioeconómica, racismo, esclavitud —prohibida por el cristianismo, pero permitida de facto en muchas ocasiones—, marginación de la mujer, violencia, expulsión de los judíos y de los musulmanes, Santa Inquisición, conquistas coloniales, monarquías absolutas, papas corruptos, dictaduras, legislación medieval abusiva con los siervos de los señores feudales. La lista es larguísima. Lo dicho, *corruptio optimi pesima.*

Surgió también lo que más tarde denominaríamos el *cristianismo de Estado*, que es otra contradicción en la misma línea del ya mencionado *cristianismo impuesto*. Un Estado no puede ser cristiano porque el cristianismo es libertad. No se puede *imponer* desde arriba, por ley; solo se puede *proponer* de tú a tú, fraternalmente. Si se pudiera imponer, entonces Jesús de Nazaret habría dado la razón a los zelotes de su tiempo,[2] habría empuñado las armas y habría tratado de expulsar a los romanos para instaurar un estado judío basado en el principio del amor. Pero no lo hizo. Rechazó frontalmente esa opción porque

2. Los zelotes eran judíos revolucionarios que querían expulsar a los romanos mediante la violencia.

el cristianismo no puede venir impuesto desde arriba, sino que debe ser una invitación desde abajo, desde la cruz, desde los que sufren. Un sistema político, social, económico, puede inspirarse, sí, en los valores cristianos, como hicieron un grupo de economistas alemanes en torno al P. Oswald von Nell-Breuning, SJ, tras la Segunda Guerra Mundial, cuando fundaron la economía social de mercado para la nueva Europa posbélica, que dio tres décadas de crecimiento y bienestar, hasta que el neoliberalismo, primero, y la globalización, después, le darían un golpe muy duro del que todavía no se ha repuesto cuando llevamos ya dos décadas de siglo XXI. La economía social de mercado —que traería el estado del bienestar— era un sistema inspirado en la Doctrina Social de la Iglesia, en los valores cristianos, pero no un Estado cristiano. Son dos cosas muy distintas. La fe cristiana, con su consecuente antropología —concepción de lo que es el ser humano— y ética —reflexión acerca del adecuado ejercicio de la libertad— puede —sí, lo afirmamos con convicción— inspirar sistemas políticos, económicos, sociales y culturales, pero no puede ser la religión única e impuesta de un Estado: eso lo rechazamos de frente, como hizo Jesús. Ese fue el gran error de la era de cristiandad: creer que el cristianismo, por ser bueno, debía ser impuesto a todos, por lo que había que perseguir y castigar a quien no lo acogiera.

Hay que ir con mucho cuidado con la fe cristiana, Inés. Bien vivida, es lo más hermoso del mundo; corrupta, es lo peor que te puedas imaginar. Conoces ejemplos actuales de cristianos, peor aún, de sacerdotes y religiosos, que aprovechan su condición para trepar en la escala social, para hacer carrera, para sentirse admirados y adulados, o para abusar de niños y niñas indefensos: hemos visto juntos más de una vez la película *Spotlight*, y lo que en ella se narra nos deja sin palabras.

Pero también sabes, sabemos, que durante esos mil seiscientos años de cristiandad ha habido hombres y mujeres magníficos, la mayoría anónimos —¡cuántas mujeres tan buenas como tu abuela Fina debe de haber habido, y ya nadie se acuerda de ellas!—, y también algunos muy conocidos como san Francisco de Asís —de quien nuestro papa actual tomó el nombre—, santa Catalina de Siena, san Ignacio de Loyola, san Juan de la Cruz, santa Teresa de Jesús, fray Bartolomé de las Casas, fray Antón de Montesinos, santa Teresa del Niño Jesús, santa Teresa de Calcuta, san Óscar Romero, el beato Rutilio Grande, Ignacio Ellacuría y sus compañeros jesuitas asesinados en la UCA (Universidad Centroamericana) de El Salvador. La lista es larguísima. Santa Inés, por ejemplo, de la que tomamos tu nombre, fue una santa mártir de la Antigüedad. Ellos, ellas, son la Iglesia. Pero en la Iglesia también está esa larguísima lista de pecadores y depravados. Todos son la Iglesia. En la Iglesia habita el Espíritu del Resucitado, y por ello es santa; y también habita el mal, y por ello es pecadora. Es una *casta meretrix*, una «prostituta casta», un signo de contradicción.

Si hiciéramos la larga genealogía de los Sols, o de los Argemí, o de los Lucia, o de los Munar, o de los García, o de los Torrella, o de los Mingarro, o de los Ques, que son tus ocho primeros apellidos, seguramente encontraríamos a lo largo de los siglos personas magníficas, otras horribles, y aun otras mediocres. Todos ellos son nuestra familia. Hemos de tratar de preservar lo mejor de ellos y no imitar lo peor. Lo mismo ocurre con nuestra Iglesia: hemos de tratar de preservar lo mejor, que es impresionante, y no repetir lo peor, que es vergonzoso.

Por ello no creemos *en* la Iglesia, sino que *nos adherimos* a ella porque es nuestra comunidad: esa es la diferencia entre el *credo in Deum* y el *credo ecclesiam*, tan mal traducido al español. No decimos credo *in Ecclesiam*, ni lo diremos nunca.

10. Dos cismas

Ha habido dos grandes cismas en la historia de la Iglesia, que explican que haya una Iglesia católica, otra anglicana, varias protestantes, un montón de evangélicas y varias ortodoxas —no mencionamos las orientales porque están en comunión con la Iglesia católica de Roma, aunque tengan ritos distintos.

Hablábamos más arriba de la monarquización de la Iglesia, esto es, del modelo de Iglesia que imitaba al Imperio romano, de manera piramidal. El papa, como el emperador, estaba arriba de todo y todos debían obedecerle: nada que ver con el cristianismo de los orígenes. Ese modelo aún se acentuaría más con la Edad Media y la Edad Moderna, y acabaría sentando muy mal en las Iglesias de la parte oriental del Imperio romano, que no querían verse sometidas a Roma, que era occidental. Ambas Iglesias, la oriental y la occidental, se fueron distanciando durante los primeros siglos de la Edad Media. En un patético combate de egos entre el papa Humberto (occidental) y el patriarca Cerulario (oriental), ambos se excomulgaron mutuamente —o sea, cada uno expulsó al otro de la fe cristiana—, con lo que el 16 de julio del año 1054 se produjo el denominado *cisma de Oriente* (quinientos años después llegaría el de Occidente, la Reforma protestante). El cristianismo se partió en dos: el occidental, bajo el gobierno del papa de Roma, que correspondía aproximadamente al antiguo Imperio romano occidental, y el oriental, bajo la égida de Constantinopla, que correspondía al aún existente Imperio romano bizantino. Hasta el día de hoy se ha mantenido la unidad de la Iglesia católica en torno al papa (excluidas las Iglesias de la Reforma, de las que hablaremos enseguida), mientras que en Oriente tienen una fórmula más descentralizada, con dieciséis Iglesias ortodoxas, cada una con su patriarca, metropolitano o arzobispo. La ruptura Oriente/Occidente sigue hoy vigente, casi mil años después. Se han hecho progresos importantes en lo que se denomina *diálogo ecuménico*, o sea, entre diferentes Iglesias cristianas, pero solo se ha conseguido que las relaciones sean buenas, sin lograr la unidad; una pena. La verdad es que entre teólogos hay un buen entendimiento y una colaboración fluida: católicos, protestantes, anglicanos y ortodoxos colaboramos a menudo. Hay algunas diferencias teológicas, pero son hoy de matiz poco relevante. La división está en la obediencia o no al papa de Roma. Ahí está el quid de la cuestión.

El segundo cisma sería *el de Occidente*, en el siglo XVI, que tú conoces mejor porque es más cercano a nosotros. El XVI fue el primer siglo de la Edad Moderna, con unos cambios extraordinarios que se habían ido fraguando en el XV, algunos incluso en el XIV, y que removieron todo el Occidente cristiano. Como símbolo de todos esos cambios tienes el arte renacentista, con ese extraordinario regreso a los cánones humanistas de la antigüedad griega y romana, pero con un espíritu moderno y unas técnicas muy renovadas. El resultado se ve en obras como las de Botticelli, Leonardo da Vinci, Miguel Ángel, Rafael, como sabes, impresionantes. Has podido contemplar varias de ellas con nosotros en Italia.

Pues en ese siglo tan humanista y renovador, el xvi, también soplaron vientos de cambio en la Iglesia. Hubo de hecho dos reformas: la *Autorreforma*, o sea, los cristianos que apostaron por cambios importantes sin romper con Roma, y la *Reforma*, esto es, los cristianos que entendieron que no había nada que hacer bajo el control de Roma y decidieron romper con el papa. Algunos estudiosos simplistas de la historia confunden la Autorreforma con la Contrarreforma, pero no son lo mismo. La *Contrarreforma* fue la reacción católica a las propuestas de la Reforma. Lo interesante fue la Autorreforma, en la que tenemos a san Ignacio de Loyola, santa Teresa de Jesús, san Juan de la Cruz, Erasmo de Rotterdam o el cardenal Cisneros, aunque a la larga, no cabe duda, pesaría más la Contrarreforma.

Por su parte, la Reforma no fue unitaria. Todos los reformistas coincidieron en su oposición al papa de Roma, pero no anduvieron unidos entre ellos. En la Reforma se mezcló el honesto deseo de mejorar la Iglesia con burdos intereses políticos; por ejemplo, algunos príncipes alemanes querían sacarse de encima el control romano y por ello apoyaron al reformador Lutero, por razones políticas, no porque creyeran en su teología. Los cuatro reformistas más famosos son el alemán Martín Lutero, el suizo-francés Juan Calvino, el suizo-alemán Ulrico Zuinglio y el rey Enrique VIII de Inglaterra. En los tres primeros se mezcló la teología con la política; en el caso de Enrique VIII no hubo ninguna diferencia doctrinal: simplemente quería divorciarse de Catalina de Aragón —hija de los Reyes Católicos—, porque no le daba hijos varones, para poder casarse con la hermosa Ana Bolena, pero el papa no se lo permitió porque en la Iglesia no hay divorcio. Rompió con Roma, se divorció y se volvió a casar, así hasta la sexta esposa. No hay diferencias doctrinales entre la Iglesia católica (romana) y la Iglesia anglicana: simplemente los ingleses tienen como cabeza de su Iglesia a su rey o reina. Solo eso. Son dos Iglesias muy próximas.

Con los otros tres reformadores sí hay diferencias teológicas. Tres como botón de muestra:

1. Los calvinistas afirman la predestinación, o sea, que hagamos lo que hagamos, Dios ya ha decidido si nos vamos a salvar o no —aunque hay que decir que Karl Barth, cuatro siglos después, la reinterpretó de manera mucho más aceptable.
2. Los luteranos solo reconocen como sacramento la eucaristía y el bautismo.
3. Todos ellos abogan por la libertad de interpretación de la Biblia; de ahí que luego se hayan formado tantas Iglesias evangélicas, algunas prácticamente sectas destructivas, otras en cambio, bastante serias, aunque son las grandes Iglesias protestantes las más interesantes bajo muchos puntos de vista, y no las de treinta fieles.

El teólogo suizo Hans Küng, del que tanto nos has escuchado hablar, que ya hemos citado más arriba y que murió en 2021, defendió de joven una tesis doctoral interesantísima, *La justificación*, en la que demostró que las afirmaciones teológicas de católicos y protestantes acerca de la salvación, concretamente del concilio de Trento (siglo XVI, en el que se consumó la división católicos-protestantes) y de Karl Barth, el mejor teólogo protestante (calvinista) del siglo XX, no se contradecían. Puso los fundamentos para la reconciliación ecuménica.

Tu padre es teólogo, Inés, y en sus congresos de teología ha trabajado indistintamente con católicos, protestantes y ortodoxos (estos son más caros de ver por razones geopolíticas), y en sus bibliografías académicas no hace distinción entre autores católicos, protestantes u ortodoxos. Si un autor es interesante, lo es sea cual sea su Iglesia.

Es una pena que los cristianos estemos divididos. Nosotros, tus padres, creemos que habría que trabajar aún más en el diálogo ecuménico para llegar a una unidad desde la diversidad, a una «com-unión». Todas las grandes tradiciones cristianas tienen algo muy valioso que aportar a las demás, y también mucho que aprender de ellas. Con humildad haríamos grandes progresos. De momento, lo que vamos haciendo es colaborar mucho. Donde más se ve esto es en Alemania: allí hacen vigilias ecuménicas de oración, comparten el coro parroquial, celebran bodas mixtas católico-protestantes, etc.

*Las sectas destructivas que abundan
en Estados Unidos y en América Latina, y
que en algún caso ya han desembarcado en
Europa, no tienen absolutamente nada que ver
con el cristianismo;* lamentablemente, sabes
que hemos sido testigos de que solo buscan
poder, dinero, y algunas también sexo. Están
subvencionadas por multinacionales de Estados
Unidos con la finalidad de desactivar el mensaje
social del auténtico cristianismo, que daña sus
intereses corporativos. Quieren acabar con el
cristianismo social que tanto bien ha hecho en
Latinoamérica durante el último medio siglo
al sacar a multitudes de la marginación social y
ayudarles a cobrar conciencia de su dignidad;
esas sectas quieren someter de nuevo a esas
multitudes para que sean mansas ante el sistema;
y lo logran. Del mismo modo, llevan años des-
embarcando en Europa, alegando que hay que
cristianizar Europa. Inés, aléjate de ellas como
de la peste. Sus miembros son hermanos nuestros —porque son personas como nosotros—, y
debemos quererlos, pero sus métodos sectarios
nos resultan inaceptables.

Para la Iglesia, la Reforma del siglo
XVI fue un golpe muy duro. En pocos años,
el Occidente cristiano europeo se partió en
dos. Era el segundo cisma: primero, Oriente/
Occidente en el siglo XI, y ahora en Occidente,
en el XVI. Fruto de aquello, la Iglesia católica
se volvió más miedosa e intransigente que
nunca allí donde todos eran católicos: Portugal,
España, Italia, Francia, Irlanda, Polonia,
Austria, Hungría, etc. (obviamente, los nombres de los reinos y repúblicas fueron cambiando

104

con los siglos). Con el paso del tiempo, América Latina sería toda ella católica (hoy ya no es así, porque hay muchas Iglesias evangélicas), mientras que Estados Unidos y Canadá tendrían una mayor presencia protestante. Digamos que con los idiomas español, portugués y francés llegó a América la Iglesia católica, y con el inglés, las Iglesias protestantes.

Así, del siglo XVI al XX, la Iglesia católica se volvió terriblemente conservadora por miedo a que hubiera nuevas reformas: todo lo nuevo era visto como peligroso. Por ello, los pobres católicos abiertos a la Modernidad sufrieron bastante, como, por ejemplo, a inicios del siglo XX, los de la *controversia modernista*, Alfred Loisy y Maurice Blondel, entre otros; o, a mediados del siglo XX, los de la *renovación teológica* anterior al concilio Vaticano II, como Henri de Lubac, Yves Congar o Pierre Teilhard de Chardin, entre otros; incluso esa sombra alargada de la intransigencia alcanzó al posconcilio, lo que hizo sufrir a teólogos como Hans Küng, Leonardo Boff, Aloysius Pieris o Jacques Dupuis.

El catolicismo de esos cuatro siglos fue oscuro. Tuvo, sin duda, figuras brillantes, como los jesuitas científicos; o los también jesuitas de las reducciones del Paraguay, donde crearon una república guaraní ilustrada e indígena que dio diez mil vueltas a la República francesa, y que acabaría destruida por las tropas portuguesas y españolas, como narra con cierta libertad creativa la película *La misión*, de Roland Joffé; o la escuela de teólogos dominicos de Salamanca; o la de teólogos jesuitas de Coímbra (Portugal); o la tradición de extraordinaria caridad social de san

105

Vicente de Paúl. No todo fue oscuro, sin duda, pero en conjunto aquellos cuatro siglos constituyeron un túnel que, sumados al largo milenio del final de la Edad Antigua y toda la Edad Media, hace un total de más de mil seiscientos años de cristianismo poco coherente con el Evangelio de Jesús. ¡Qué pena!

11. El concilio Vaticano II

Tras dieciséis siglos de la denominada «era de cristiandad», la Iglesia quiso repensar su modo de estar en el mundo, y lo hizo con el concilio Vaticano II (1962-1965), que fue de gran importancia. Lo convocó en 1959 el buen papa san Juan XXIII, un hombre extraordinario, inteligente, simpático y abierto. En los concilios se reúnen obispos de todo el mundo. Tradicionalmente servían para condenar una herejía —dicho así suena horrible—, o sea, para corregir un error de fe. El concilio *ecuménico* —esto es, de toda la *ecúmene* católica, de todo el *mundo* católico— es la máxima autoridad en la Iglesia, por encima del papa, aunque este es un debate no completamente cerrado. Juan XXIII lo convocó sin previo aviso, pillando a todo el mundo por sorpresa, y no lo hizo para condenar ninguna herejía, sino para abrir la Iglesia al mundo y reformular la fe cristiana en categorías de los hombres de nuestro tiempo. Fue un acontecimiento magnífico, con tres largas sesiones en Roma, a lo largo de más de tres años. La curia romana, contra los deseos del Papa, quería controlar el concilio y tratar de que los documentos no fueran demasiado abiertos. Pero el Papa estaba *on fire*, y dijo que quería abrir de una vez las ventanas de la Iglesia para ventilarla después de tantos siglos de cerrazón. Murió pronto, en 1963, pero su espíritu siguió hasta el final, bajo el papado del que había sido su colaborador, el cardenal Montini, ahora ya Pablo VI.

Los años posteriores al concilio fueron intensos. Así como cuando sueltas repentinamente un muelle que estabas presionando, este sale disparado, así también la Iglesia cambió mucho en solo diez años tras cuatro siglos de autorrepresión. No es ninguna afirmación exagerar que la Iglesia católica cambió más en diez años (1965-1975) que en los cuatro siglos anteriores (desde el siglo XVI al XX). Nosotros, tus padres, vivimos esa transformación, aunque éramos pequeños y no habíamos conocido la Iglesia anterior al concilio; no obstante, sí recordamos aquel espíritu de cambio, de renovación, de diálogo con el mundo moderno, que tanto marcó a nuestra generación.

¿Tal vez se cambió demasiado y en demasiado poco tiempo? Nosotros creemos que no. No solo eso; creemos que la Iglesia aún tiene mucho que cambiar para acercarse al Evangelio de Jesús y a los hombres y mujeres de hoy. Todavía llevamos retraso.

Los años setenta, ochenta y siguientes del siglo pasado fueron de desequilibrio en la Iglesia. Unos veían que había que cambiar porque llevábamos ¡cuatro siglos de parón!, pero otros no acababan de entender tanto cambio. Podríamos decir que en los años posteriores al concilio se formaron en la Iglesia católica cuatro tendencias distintas:

1. Los *tradicionalistas*, que siempre se opusieron al concilio, y que veían mejor la Iglesia anterior a este.

2. Los *conservadores*, que no se opusieron al concilio, pero que consideraron que los cambios debían ser moderados.

3. Los *liberales*, partidarios de la apertura de la Iglesia al mundo moderno, la Ilustración, los derechos humanos, la libertad de expresión, la ciencia.

4. Los *progresistas* (sociales), que afirmaban que la Iglesia debía serlo de los pobres, y que debía participar en la transformación de estructuras socioeconómicas y políticas injustas.

Nosotros, tus padres, nos movemos entre los grupos 3 y 4, como sabes, pero afirmamos que hay que saber dialogar con todos, sin dejar a nadie fuera, porque todos formamos la Iglesia, y no solo los que piensan como nosotros. Los papas Pablo VI, Juan Pablo II, Benedicto XVI trataron de contener la velocidad del cambio para que la Iglesia no se volviera a romper (¡sería su tercer cisma!, después del oriental del siglo XI y del occidental del siglo XVI). Aparte de un pequeño cisma de Monseñor Lefebvre (un obispo francés ultraconservador), cuyos escasos seguidores regresarían a la Iglesia años después, no se produjo ninguna gran ruptura interna, pero sí se dio un enorme desencanto. Los liberales y los progresistas se cansaron de que los años fueran pasando sin que se vieran en la Iglesia cambios sustanciales, de fondo, sino tan solo de «peluquería». Y muchos se fueron. Sobre todo, muchos jóvenes y no pocos intelectuales.

Esto pasó primero en Europa, luego en Estados Unidos, y está pasando ahora en América Latina. En cambio, la Iglesia no deja de crecer en África y en Asia.

Ha habido dos razones para esta dimisión masiva de católicos: una interna y otra externa. La *interna* es la que te acabamos de mencionar: el hastío de tantos católicos que querían ver una renovación a fondo en la Iglesia tras el Vaticano II y se cansaron de esperar. La *externa* reside en lo mal que dejan los medios de comunicación y la cultura imperante todo lo que suene a religioso, cristiano o católico. Fíjate cómo en las películas, en general, solo se habla de la Iglesia católica para mostrar su lado negativo o para burlarse de ella, obviando el trabajo inmenso que ha hecho en lo social y lo cultural en muchísimos países del mundo. No está de moda hablar bien de la Iglesia en público, y sí dejarla en ridículo.

Si los dos reinos judíos, el del norte y el del sur, estuvieron exiliados hace más de dos mil quinientos años, uno en Nínive y el otro en Babilonia, los católicos estamos hoy exiliados en el mundo moderno, Inés. Sufrimos persecución cultural. En muchos lugares, ser cristiano es un demérito: se te cierran las puertas.

12. El futuro de la Iglesia

El papa Francisco es muy consciente de la crisis actual por la que atraviesa la Iglesia y por ello se ha puesto como objetivo primordial abrirla a la sociedad, salir de nuestras sacristías y templos, servir a la sociedad con amor, tal como hizo Jesús, recuperar nuestra vocación de servicio y de entrega, dejando de lado la búsqueda de poder y de influencia. Si no ha apretado más el acelerador es porque teme que se dé un cisma en la Iglesia, ya que en los últimos años ha crecido en ella el integrismo —el tradicionalismo—. Como sabes, Inés, nosotros lo hemos visto en España, en Francia y en México. Los tradicionalistas buscan una Iglesia segura de sí misma, con un lenguaje propio, enfrentada a los valores que ellos creen corruptos del mundo actual. En el extremo opuesto, hay cristianos que creen que la Iglesia sigue estando cerrada, que debería cambiar mucho más, y ven el espíritu de apertura del Papa con suspicacia por ser tan tímido en sus reformas prácticas. Al pobre papa Francisco los golpes le llegan de la derecha y de la izquierda.

Así estamos. Todo esto era para explicarte el por qué la Iglesia ha llegado tan conservadora hasta fechas recientes, y por qué el cristianismo está dividido en diversas Iglesias.

Sería injusto quedarnos solo con lo negativo de la Iglesia. El cristianismo aportó la idea de igualdad, de fraternidad, de libertad y de autonomía del mundo —que están en la base de los derechos humanos y de las democracias modernas—; salvó la cultura en la Edad Media, que se transmitió gracias a los monasterios —únicas instituciones democráticas de la época, por cierto—; fundó hospitales, asilos, escuelas, universidades; puso los fundamentos para la antropología cultural moderna, dado que los misioneros fueron los primeros en interesarse por otras culturas, por aprender sus idiomas y redactar sus gramáticas y diccionarios; creó la cultura de ayuda a los países subdesarrollados y en general, de ayuda a los más pobres; trabajó incansablemente por la paz en momentos tan difíciles como la Primera Guerra Mundial o la Guerra Fría; ha hecho un trabajo enorme en favor de los marginados, los inmigrantes, los drogadictos, las prostitutas, los presos; entre muchas otras cosas. Nosotros, tus padres, creemos que hay que ser valientes y reconocer aquello que los cristianos hemos hecho mal, pero al mismo tiempo nos parece una injusticia el hecho de silenciar los logros históricos del cristianismo, que son, sí, los mayores de la historia de la humanidad.

Hemos mencionado el diálogo ecuménico entre Iglesias cristianas y del diálogo interreligioso, entre diferentes confesiones —recuerda lo del puzle y lo de la cúpula renacentista—, pero hay que mencionar también el diálogo que se ha tenido con ateos y agnósticos desde finales del concilio. Para construir un mundo común, global, es necesario compartir valores, y para ello el diálogo es imprescindible.

13. El carácter sacramental de la realidad

Como sabes, en la Iglesia se habla a menudo de los *sacramentos*. Los sacramentos no son muy importantes *per se*, pero sí lo es la *sacramentalidad de la realidad*, de la cual los sacramentos son signos. Vamos a ver si logramos explicarnos. Recuerda que al inicio de nuestra carta hemos hablado de los niveles 1 y 2. El 1 era lo visible, lo constatable, lo que no requiere fe, mientras que el 2 era lo no visible, lo no constatable, el orden de la fe, del sentido de las cosas. La Biblia no menciona ni una sola vez la palabra «sacramento», aunque sí la palabra «misterio» (*mysterion*). Ambas están relacionadas, pero no son exactamente sinónimas. Hablaremos ahora de los sacramentos, y ello nos llevará a hablar del Misterio, en mayúscula.

En la fe cristiana afirmamos que la realidad tiene un carácter sacramental. Hay un nivel 2 de nuestra existencia, no visible, que se puede vivir y celebrar de manera sacramental en el orden de lo visible. Por ejemplo, ¿has visto alguna vez el amor? Seguro que no. ¿Y la esperanza? Tampoco. ¿Afirmas que existen el amor y la esperanza en la vida humana? Seguro que sí. ¿Cómo hablar de algo tan importante en la vida humana? Cuando nosotros, tus padres, intercambiamos un libro y una rosa en la festividad del día de san Jorge (*Sant Jordi*), patrón de Cataluña, o el día de san Valentín —celebración de los enamorados—, estamos haciendo visible de manera simbólica —una rosa, un libro— algo invisible pero real —el amor—. Cuando soplas las velas el día de tu cumpleaños y te obsequiamos con un regalo, hacemos visible —el pastel, las velitas, el regalo, la comida especial— algo invisible —nuestra gratitud por tenerte en nuestras vidas y nuestra felicidad por ver cómo creces.

En las religiones antiguas se creía que la naturaleza estaba encantada, que los elementos de la naturaleza eran divinidades a las que había que contentar y que nos dominaban: la tierra, el mar, la tempestad, la luna, el sol, las estrellas. El judeocristianismo desencantó la naturaleza, esto es, afirmó que nada de la naturaleza es sagrado ni divino, sino solo el hombre, hecho a imagen de Dios. Solo hay *un* Dios, que lo ha creado *todo* y que lo ha puesto *todo* bajo nuestra responsabilidad *humana*. En estos últimos años, debido a la secularización —*pérdida del sentido de lo religioso*—, a la necesidad de llenar de algún modo ese hueco producido por la ausencia de la religión, y debido también a la sensibilidad ecológica, ha regresado el lenguaje de la naturaleza encantada: el lenguaje, no la fe. No son pocos a los que les gusta hablar de la *sacralidad de la naturaleza*, de la *madre Tierra* (expresión tomada de religiones ancestrales), sin olvidar la progresiva influencia del budismo y del hinduismo en Occidente. Es lenguaje; queda bonito; pero verdaderamente los que hoy afirman esto no creen en que la Tierra sea nuestra madre ni que la naturaleza sea una divinidad.

114

La naturaleza no es sagrada. Nadie habla de la sacralidad de la naturaleza antes de que el hombre habitara en ella. Lo sagrado es el hombre, hecho a imagen de Dios, y el hombre, con su fe, hace que todo sea sacramental. La naturaleza, sí, tiene un valor sacramental a los ojos de la fe.

Si el pastel de cumpleaños nos hace pensar en la vida, el libro y la rosa en el amor, el abrazo en la amistad, ¿en qué nos hace pensar toda la realidad? ¿Y si toda la realidad fuera signo de algo no visible, como afirma el cartero del poeta chileno Pablo Neruda en la película italiana *El cartero*?[1] «¿Y si todo es una metáfora?», dice el buen cartero, sin ser consciente de la inmensidad de su pregunta.

Que la Iglesia decidiera concretar en siete momentos importantes de la vida el carácter sacramental de la existencia es importante, sin duda, pero relativamente secundario.[2] Esos son los siete sacramentos: bautismo, eucaristía, confirmación, penitencia, matrimonio, ordenación ministerial (de diácono, de presbítero, de obispo) y unción de los enfermos. No cabe

1. *Il postino,* 1994, de Michael Radford.

2. De algún modo, la Iglesia recoge lo que la humanidad celebraba ya desde tiempos inmemoriales, con los eventos conocidos como *ritos de paso,* que no son más que esa visibilización llena de símbolos de un momento clave de la vida de las personas: desde el nacimiento hasta la muerte, pasando por las diferentes etapas de adquisición de la madurez. Para profundizar en ello, mencionamos de nuevo el libro *Lo sagrado y lo profano,* de Mircea Eliade, que, por cierto, tu madre tradujo al catalán del original francés.

duda de que el hecho de vivir con autenticidad personal y en comunidad los sacramentos es una magnífica manera de hacer visible nuestra fe invisible en Dios.

Y esto nos lleva a hablar del Misterio. El Misterio, en mayúscula, no tiene nada que ver con las películas de intriga o de terror. El Misterio es la experiencia de que nuestra existencia se desarrolla *coram Deo*, de cara a Dios, de cara a un Tú presente en nuestras vidas. En la vida humana el *tú social*, o sea, el otro, es muy importante. No habría vida humana sin esa relación interpersonal y social con los demás. Sin embargo, el Tú no se agota en el tú social, va mucho más allá. La humanidad entera es más ella cuanto más abierta está al Tú, a lo Otro, no un *otro* inanimado —una cosa, una ideología—, sino personal, y por ello decimos *Tú*. La civilización occidental moderna, que ha traído muchas cosas buenas, también ha aportado algunas negativas, y una de ellas ha sido la pérdida de sentido del Misterio, que ha supuesto una castración de la humanidad, dado que ha perdido su vitalidad, su apertura a lo trascendente, y luego ha sustituido esa pérdida con los más patéticos sucedáneos, como la obsesiónególatra por la fama, el placer y la salud. Ya lo decía Nietzsche en la segunda mitad del siglo XIX: «Cuando hayamos matado a Dios, divinizaremos la salud». Cuando perdemos el sentido de lo espiritual, de lo invisible, divinizamos lo visible: sacralidad del cuerpo y de la naturaleza.

No te dejes engañar por las falsas divinidades de la sociedad de consumo, Inés, y ábrete al Misterio. Que tu vida sea un diálogo con el Tú que se hace presente, visible, en el tú social. Tu existencia cobrará mucho más sentido y profundidad: será como volar por primera vez.

14. Antropología y ética

La fe cristiana lleva a una cierta antropología, y esta a una cierta ética (o moral). En las primeras páginas de nuestra carta ya te hemos explicado qué es la fe cristiana: la adhesión al Dios Padre del que nos habla Jesús, en el que podemos creer animados por su Espíritu. Esa fe en ese Dios es posible gracias a que todos los hombres, sin excepción, tenemos fe antropológica, esto es, convicciones del nivel 2 que van más allá del simple nivel 1. Cuando afirmamos ahora que «la fe cristiana lleva a una cierta antropología», queremos decir que ser cristiano supone tener una cierta idea de lo que es el ser humano: un ser creado por Dios, libre, con capacidad para construir, para transformar, para razonar, para solidarizarse, que se sabe único —unicidad— y al mismo tiempo necesariamente ligado a los demás miembros de la sociedad —sociabilidad—, tanto la comunidad cercana como la humanidad entera —fraternidad universal—; un ser que engendra vida como fruto del amor entre varón y mujer; un ser que sabe que todo lo que tiene y lo que es viene de Dios, y se siente llamado a darlo a los demás.

Y de esa antropología se deriva una cierta ética, una cierta moral. Decimos que es bueno aquello que nos lleva hacia ese modelo de hombre que hemos visto en Jesús de Nazaret, y que es malo aquello que nos conduce a su degradación o a su destrucción.

¿Son constantes a lo largo de la historia la antropología y la moral cristianas? Sí y no. *Sí*: porque no cabe duda de que hay una continuidad en la idea de ser humano que brota de la fe cristiana, más allá de si estamos en el siglo I, en el XI o en el XXI, en América, en Europa o en el corazón de África. Cuando viajamos y nos encontramos con cristianos de otras culturas, vemos en seguida que, más allá de la normal diversidad cultural, nos une la fe cristiana en Dios, que nos lleva a defender la dignidad humana. *Y no*: porque nuestro contexto cultural nos condiciona mucho y nos lleva a expresar la fe cristiana de modos distintos. Por ello, cuando pensamos en otras culturas de hoy o del pasado no debemos erigirnos en jueces que las juzgan como si estuviéramos en posesión de la verdad única. Eso es un anacronismo (cuando se trata del mirar hacia el pasado) o un colonialismo (cuando se trata de mirar a otras culturas de hoy). Tiene gracia que algunos de los que hoy se llaman *decoloniales* sean en realidad tan profundamente *coloniales*, porque quieren colonizar el mundo entero con su modo de ver la realidad, que consideran, como auténticos conquistadores que son, el único aceptable.

La antropología y la moral cristianas a veces encajan bien con la mentalidad de nuestro tiempo, o de nuestra cultura moderna occidental, pero no siempre. Por ejemplo, cuando decimos que nuestra fe nos lleva a preocuparnos por los pobres, por la justicia social, la dignidad de la mujer, la paz, la ecología, no hacemos sino recibir palmaditas en la espalda de aprobación. En cambio, cuando defendemos la vida del ser humano antes de nacer o la fidelidad en el matrimonio, entonces se nos tacha de carcas, retrógrados, conservadores, alejados del mundo.

Inés, no debemos estar apartados del mundo, pero tampoco podemos caer en las modas y en las trampas. Recuerda que en la Alemania de los años treinta ser nazi era lo más moderno y *cool* que había, y a los que se les ocurrió condenar el nazismo por inhumano se los insultó de todos los modos posibles, se los encarceló e incluso se los ejecutó, como, por ejemplo, los jóvenes hermanos, estudiantes universitarios, Hans y Sophie Scholl —miembros de la Rosa Blanca, *die weiße Rose*—, Dietrich Bonhoeffer, Alfred Delp, Rupert Maier y tantos otros. En Dachau, campo de concentración cercano a Múnich que visitamos con tus dos hermanas mayores cuando tú aún no habías nacido, había un barracón de prisioneros solo para sacerdotes católicos.

Lo importante no es repetir como un loro lo que muchos dicen para, de este modo, tener aceptación social; no, lo importante es defender la dignidad de la vida humana siempre, sin excepción. Denunciar sin miedo nuestra cultura cuando esa dignidad está siendo violada estructuralmente significa ser profeta. Sé profetisa, Inés, sé tú: no dejes que los intereses económicos o políticos, o los prejuicios sociales —aun cuando se disfracen de modernos o de progresistas—, te digan cómo debes ser.

15. La oración

Hasta este momento, poco te hemos dicho de nuestra experiencia íntima de fe, de la vivencia particular de tus padres. Pero es evidente que nada de lo que te hemos explicado hasta ahora en esta carta se sostiene si no es gracias a esa experiencia intransferible de la presencia de Dios en nuestras vidas. Fíjate cuántas veces nosotros, tus padres, salimos a pasear solos y te decimos, medio en broma, medio en serio: «Nos vamos de novios». ¿Qué significa esto? Pues sencillamente que, como pareja, como matrimonio, necesitamos alimentar el amor que nos profesamos con momentos de comunicación íntima, privada. Pues eso mismo es la oración, y por ello es tan importante en la vida de todo cristiano, aunque —al igual que les ocurre a muchas parejas, desgraciadamente— a veces se nos olvida. ¿Cómo podemos, si no, mantener nuestra comunicación con Dios? Él nos habla siempre, no al oído, sino en nuestros corazones y a través de las personas que vamos encontrando en nuestra vida. Pero, a diferencia de la escucha física, que no puedes evitar —salvo que seas sordo o te pongas tapones en los oídos—, para escuchar a Dios necesitamos ponernos en actitud receptiva, esto es, nos debe encontrar orando. ¿Quiere decir esto que solo se comunica con nosotros en esos momentos? Por supuesto que no, del mismo modo que los matrimonios, las parejas, no dejamos de estar en comunicación —en comunión— solo porque no estemos en el mismo lugar al mismo tiempo y hablando el uno con el otro; pero, siguiendo con el símil, necesitamos momentos privilegiados de intercambio, de apertura al otro, de dejarnos escrutar por el otro. Y eso es lo que ocurre en la oración: Dios, que nunca deja de manifestarse, que nunca deja de hablarnos, se hace entonces especialmente presente.

La experiencia de la oración es algo único, y cada uno —tú también, Inés— debe ir encontrando el modo de orar que más y mejor le acerca a Dios; del mismo modo que a nosotros, tus padres, desde que vivimos en México, nos gusta salir a pasear y a desayunar los sábados por la mañana por Polanco para poder tener ese tiempo y ese espacio privilegiados —y antes, en Barcelona, íbamos a comer a Casa Juana los viernes—, y así como a otras parejas les gusta salir a cenar el viernes por la noche, o de excursión en bicicleta o a caminar por la montaña el domingo, así también para poder escuchar a Dios hay muchas maneras: desde quien prefiere el silencio contemplativo; pasando por quien se siente mejor en las oraciones comunitarias cantadas; quienes rezan el rosario en pareja, en familia o en comunidad; hasta quienes buscan en las lecturas de la Biblia o en obras de otros autores textos inspiradores… La lista sería interminable, pues hay tantas maneras de orar como personas somos en este mundo, y lo bonito es que podemos probarlas todas, pues ninguna oración es excluyente. Lo esencial, Inés, es que encuentres —poco a poco, sin prisas, sin estrés, pues Dios aparece en tu oído cuando menos te lo esperas— tu propio modo de escuchar a Dios y de comunicarte con Él.

¿Verdad que no te imaginas tu vida sin hablar y escucharnos a nosotros, tus padres, ni tampoco sin hablar y escuchar a tus hermanas o a tus amigos? Pues así ocurre con nuestro Padre celestial y con Jesús, nuestro hermano y maestro. Sin ellos, estamos perdidos; con ellos, quizás seguimos sin saber hacia dónde nos lleva el camino que vamos trazando en esta vida, pero al menos estamos seguros —la fe nos da esa certeza— de que vamos bien acompañados y de que llegaremos a buen puerto.

Cuando nosotros éramos jóvenes, entraron con mucha fuerza en las comunidades de vida cristiana (CVX) las oraciones cantadas de la Comunidad de Taizé, de la que nos has oído hablar varias veces. Son oraciones breves, repetitivas, con melodías polifónicas muy bonitas, que nos ayudan a encontrar ese clima interior necesario para poder escuchar a Dios, pues su brevedad y su repetición consiguen el efecto de diluir la dimensión temporal: parece que no haya ni principio ni fin. Esa comunidad, fundada por un suizo, el hermano Roger, a finales de los años 40 e inicios de los 50 del siglo pasado, justo después de la Segunda Guerra Mundial, en Taizé, un pueblecito de Francia que se encuentra al norte de Lyon, fue —y sigue siendo— un foco de espiritualidad, de oración, de acogida, de vida sencilla, que irradia su luz a toda nuestra Iglesia, esa de la que te decíamos antes que está llena de luces y sombras. Pues bien, Taizé es uno —entre muchos otros— de los testimonios de oración que tenemos a nuestro alcance para aprender a orar.

A nosotros, personalmente, nos resulta más cercano ese tipo de oración que, por ejemplo, el rezo del rosario... ya te habrás dado cuenta de ello. Pero también sabemos —porque así lo hemos experimentado— que, en algunos momentos, el tener en nuestra memoria esas oraciones que aprendimos de niños, esas que repetimos cada vez que vamos a misa, puede ser un vehículo muy válido para entrar en comunicación íntima y privilegiada con Dios. ¿Por qué?, te preguntarás; sencillamente, porque, al igual que nos pasa con las personas, no siempre encontramos las palabras adecuadas para expresarnos, para llegar al otro. Y en esos momentos, repetir esas palabras que fueron pronunciadas o escritas por otros pueden ser la puerta que nos conduzca a la oración profunda.

Muchos creen —y cuando se es joven, más— que rezar es aburrido; algunas veces, de niña, nos decías: «¿Por qué tenemos que ir a misa? Me aburro». Eso mismo lo han dicho buen número de niños cristianos del mundo entero. Pero, independientemente de que podamos creer que la liturgia quizás no esté hoy en día y en todas partes adaptada al mundo actual y a los niños y jóvenes en particular, recordarás que siempre te hemos contestado lo mismo: «Es que nadie dice que vayamos a misa a divertirnos; vamos a misa

126

el domingo, porque Dios, nuestro Padre, nos invita a encontrarnos con los hermanos de nuestra parroquia, de nuestra comunidad, para celebrar la fe, la vida»; y del mismo modo que cuando tus abuelas nos invitaban a comer para alguna celebración íbamos con gusto, del mismo modo los domingos acudimos a la llamada de Dios.

Recapitulación final: el amor

Podríamos seguir escribiendo, Inés, pero entonces esto ya no sería una carta, sino un tratado. Y queremos concluir con una palabra: amor. Todo lo que te hemos explicado hasta aquí se sintetiza en esa idea: amor. Dios es amor. La primera carta de Juan, en el Nuevo Testamento, afirma que quien no ama no puede conocer a Dios porque Dios es amor (1Jn 4,8). No hay amor sin libertad. Dios nos creó libres por amor, y nos invita cada día a amar libremente.

Seguro que recuerdas haber escuchado en muchas ocasiones —especialmente, en las bodas— el famoso pasaje del capítulo 13 de la Primera carta de Pablo a los corintios, un texto fundamental de nuestra fe:

> Ya puedo hablar las lenguas de los hombres y de los ángeles, que si no tengo amor no paso de ser una campana ruidosa o unos platillos estridentes. Ya puedo hablar inspirado y penetrar todo secreto y todo saber; ya puedo tener toda la fe, hasta mover montañas, que si no tengo amor no soy nada. Ya puedo dar en limosnas todo lo que tengo, ya puedo dejarme quemar vivo, que si no tengo amor de nada me sirve.

Ya has visto los horrores de un cristianismo sin amor. *Corruptio optimi pesima*. También el siglo XX nos permitió contemplar el horror de la política sin amor, de la justicia social sin amor, del nacionalismo sin amor, entre otras barbaridades: guerras mundiales, campos de concentración nazis, gulags soviéticos, bombas atómicas, genocidios, dictaduras.

Dios nos creó por amor y nos salva por amor. Su lenguaje es el del amor, un amor a veces erótico (el de la pareja fiel que se quiere para siempre y se abre a la vida), a veces fraterno, a veces paternofilial, a veces de amistad, a veces solidario. El amor tiene muchas caras, y todas lo son del amor. San Juan de la Cruz, gran místico y poeta español del siglo XVI, escribía en una carta: «Y adonde no hay amor, ponga amor, y sacará amor». Y san Agustín, en la Antigüedad, decía: «Ama y haz lo que quieras».

Trabaja en el amor, y hazlo actuando y orando. No lo uno o lo otro, sino las dos cosas. El actuar y el orar con amor te permitirá experimentar la presencia de Dios en tu vida, y cuando la experimentes, sentirás que has nacido a una vida nueva.

Ojalá esta carta te ayude a descubrir a Dios Padre en tu vida, Inés, gracias al Espíritu que habita en nosotros; a sentirte miembro de la Iglesia sabiéndote hermana de toda la humanidad; a ser constructora del Reino anunciado por Jesús, y a hacerlo con libertad y amor.

Te queremos mucho,

Tus padres, José y Julia
Ciudad de México